Tiny Hideaways
Oasis In Pure Nature

First edition in 2020 April by Monsa Publications, Gravina 43 (08930) Sant Adrià de Besós. Barcelona (Spain)
T +34 93 381 00 50
www.monsa.com monsa@monsa.com

Project director Anna Minguet.
Art director Eva Minguet.
Layout Marc Giménez.
(Monsa Publications)

Printed in Spain by Gómez Aparicio.
Translation by SomosTraductores.

Shop online:
www.monsashop.com

Follow us!
Instagram @monsapublications
Facebook @monsashop

ISBN: 978-84-17557-20-1
D.L. B 5818 2020

Tiny Hideaways

Oasis In Pure Nature

monsa

Intro

Small shelters have been growing in popularity over the last decade, quickly becoming not only in the best getaways to find some peace and quiet, but in a perfect example of the New Ecological Architecture, respectful with the environment, capable of making efficient and intelligent constructions, and becoming part of the surroundings in which they are built. These magical oasis in pure nature, will make any person feel like they are truly one with the natural world.

This book includes 17 selected projects, all developed with graphics, exterior and interior images, plans, elevations, sections, construction details and other useful specifications.

Los pequeños refugios han ido creciendo en popularidad durante la última década, convirtiéndose rápidamente no solo en las mejores escapadas para encontrar algo de paz y tranquilidad, sino en un ejemplo perfecto de la Nueva Arquitectura Ecológica, respetuosa con el medio ambiente, capaz de hacer construcciones eficientes e inteligentes, y formando parte del entorno en el que están construidos. Estos oasis mágicos en plena naturaleza, harán que cualquier persona se sienta como si realmente fuera uno con el mundo natural.

En este libro se incluyen 17 proyectos seleccionados, todos desarrollados a nivel gráfico, con imágenes de exterior e interior, planos, alzados, secciones, detalles constructivos y breve memoria especificando los temas más singulares del proyecto.

Index

Viking Seaside Summer House

FREAKS Architecture www.freaksarchitecture.com
Location: Fermanville, France. Photos: © Jules Couartou.

FREAKS was commissioned for the refurbishment of a preexisting concrete fishing shack of ten by fifteen feet, built in the rock during the 1950s. Because of the strict coastal construction regulations, the shack couldn't change in size or shape. The architects realized that the shack's dimensions and ratio were comparable to those of the log cabin on Walden Pond, where philosopher Henry David Thoreau lived alone for two-and-a-half years. During this time, Thoreau focused on nature, his writing, and "to front only the essential facts of life," he wrote. This concept, so profusely revived nowadays through many small house trends, was the starting point for the project, manifesting that downsizing isn't necessarily a sacrifice.

FREAKS recibió el encargo para la remodelación de una cabaña pesquera de hormigón preexistente de 10 x 15 pies, construida en la roca durante la década de 1950. Debido a las estrictas normas de construcción de la costa, la cabaña no podía cambiar de tamaño ni de forma. Los arquitectos se dieron cuenta de que las dimensiones y la proporción eran comparables a las de la cabaña de troncos en Walden Pond, donde el filósofo Henry David Thoreau vivió solo durante dos años y medio. Durante este tiempo, Thoreau se centró en la naturaleza, en su escritura y en "afrontar sólo los hechos esenciales de la vida", escribió. Este concepto, tan profusamente revivido hoy en día a través de muchas tendencias relacionadas con el diseño de casas pequeñas, fue el punto de partida para el proyecto, poniendo de manifiesto que la reducción de tamaño no es necesariamente un sacrificio.

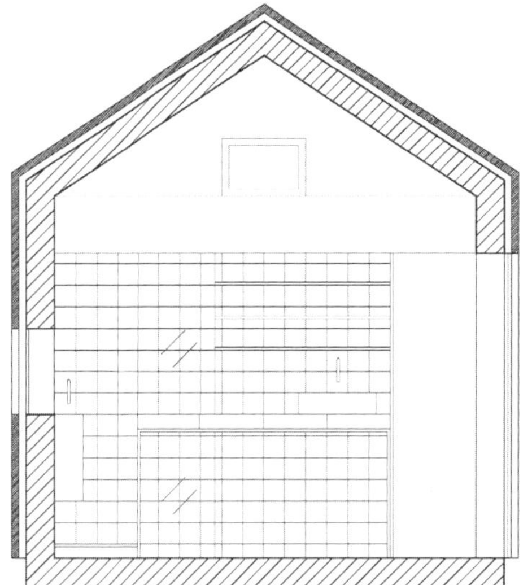

North elevation

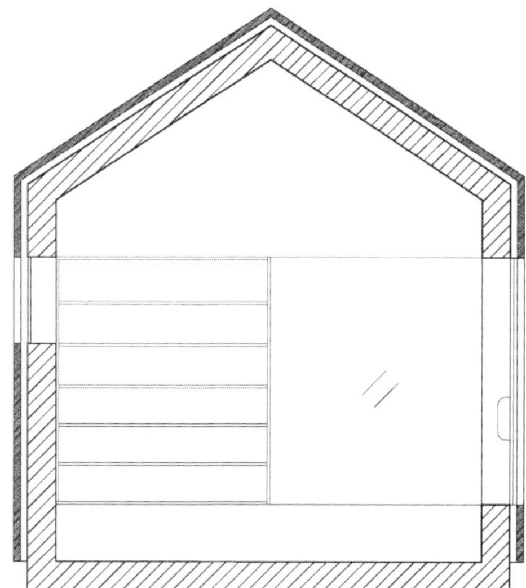

South elevation

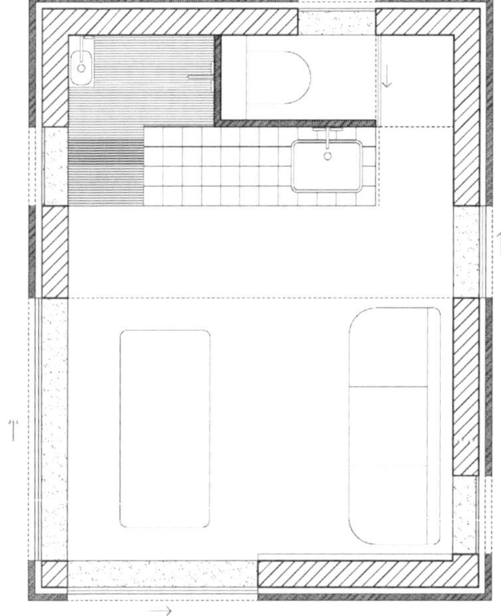

Ground floor plan

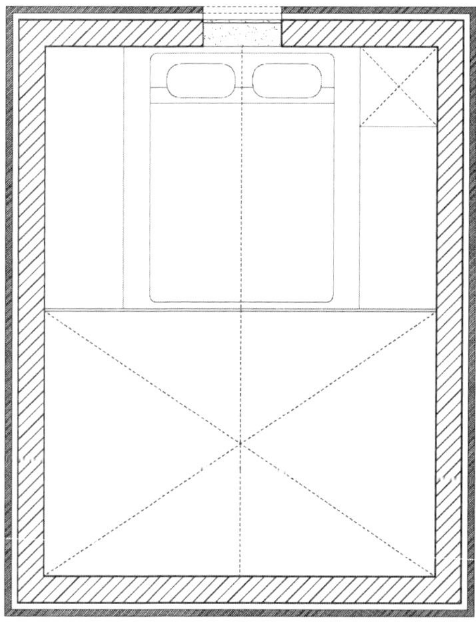

Mezzanine plan

he minimalistic interior consists of a white-tile ınd yellow-grout core containing the bathroom ınd a loft bed that sleeps two people. The compact kitchen is open to the main living area, vhile a large terrace expands the living space to he stunning seaside pink granite landscape.

El interior minimalista consiste en un núcleo de azulejos blancos y amarillos que contiene el cuarto de baño y una cama en el desván para dos personas. La cocina compacta está abierta a la sala de estar, mientras que una gran terraza amplía el espacio vital al impresionante paisaje de granito rosa de la costa.

The pitched roof is a representation of the stereotypical form for shelter.

El techo inclinado es una representación de la forma estereotípica de la vivienda.

The lounge area is equipped with a couch and a table that seats eight people.

La sala de estar está equipada con un sofá y una mesa con capacidad para ocho personas.

The Cabin

Jan Tyrpekl www.jantyrpekl.com
Location: Vratě nín, Czech Republic. Photos: © Antonín Matě jovský

The Cabin is a wooden structure that stands on top of one of many former concrete bunkers built near the Czech Republic border with Austria. These bunkers were built before World War II as shelters against Nazi troops. There are still thousands of these bunkers left with no actual purpose. Jan Tyrpekl designed a tower that can easily be mounted on or removed from a bunker without affecting the integrity of its construction. Friends, family, and students of architecture participated in the design and construction of the tower. The tower was first constructed off-site, then disassembled and transported to the site, where it was reassembled.

La cabaña es una estructura de madera que se alza sobre uno de los muchos antiguos búnkeres de hormigón construidos cerca de la frontera de la República Checa con Austria. Estos búnkeres fueron construidos antes de la Segunda Guerra Mundial como refugios contra las tropas nazis. Todavía quedan miles de estos búnkeres sin un propósito real. Jan Tyrpekl diseñó una torre que puede ser fácilmente montada o retirada sin afectar la integridad de su construcción. Amigos, familiares y estudiantes de arquitectura participaron en el diseño y construcción de la torre, que se construyó primero fuera del terreno, a continuación se desmontó y se transportó al lugar, donde se volvió a montar

Because of the character of the landscape, the design team conceived the tower as dominant vertically. The building has two large windows, one facing east toward the border with Austria and the other offering a view of the nearest village's church tower. The building serves as a shelter for anyone to stay in upon request.

Debido al carácter del paisaje, el equipo de diseño concibió la torre como una estructura dominante vertical. El edificio tiene dos grandes ventanales, uno orientado hacia el este, hacia la frontera con Austria, y el otro que ofrece una vista de la torre de la iglesia del pueblo más cercano. El edificio sirve como refugio para cualquier persona que lo solicite.

Location map

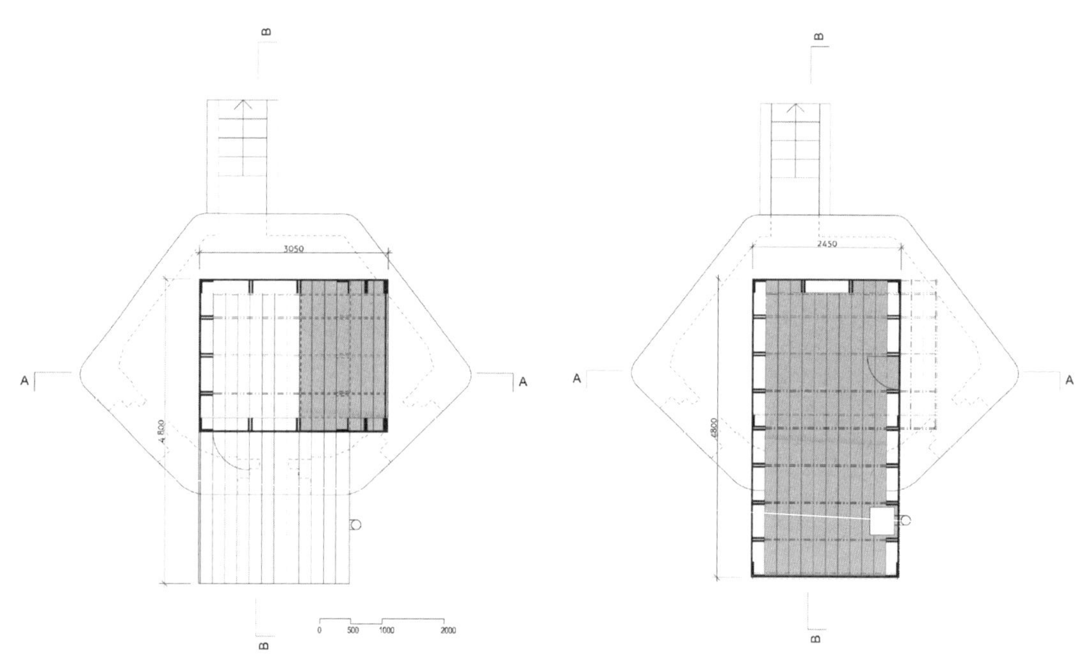

Upper floor plan

Lower floor plan

The principle of the construction was to minimize the use of material, construction cost, and building time. The building is very simple and can be built by manual labor using only common tools without any technology. The project isn't financed through any donations or grants.

El principio de la construcción era minimizar el uso de materiales, el costo de construcción y el tiempo de obra. El edificio es muy simple y puede ser construido utilizando únicamente herramientas comunes sin ninguna tecnología. El proyecto no se financia a través de donaciones o subvenciones.

North elevation

East elevation

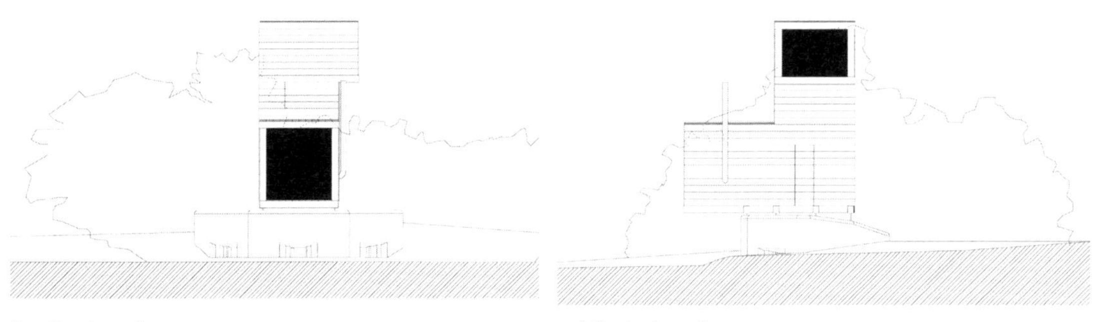

South elevation

West elevation

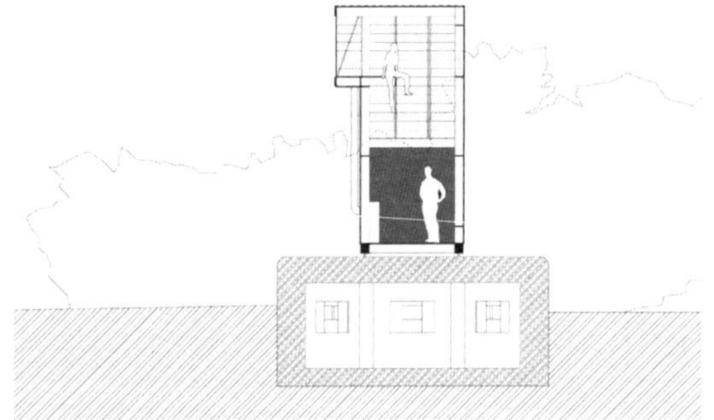

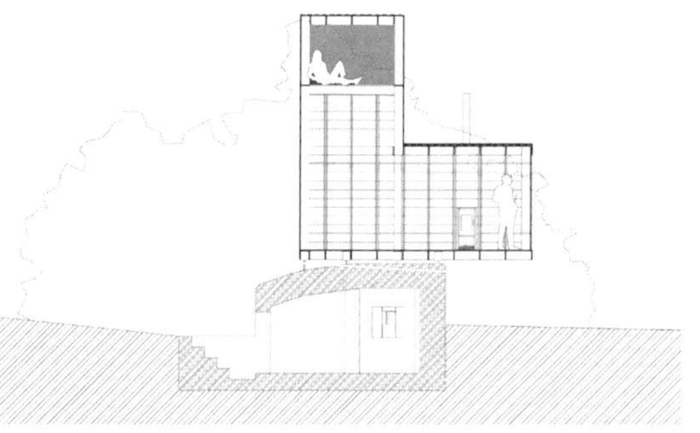

Section A-A

Section B-B

COBS Micro-Cabins

Colorado Building Workshop at CU Denver Camp near Leadville, Location: Colorado, United States. Photos © Jesse Kuroiwa

In 2016, the Colorado Outward Bound School (COBS), a not-for-profit organization focusing on outdoor education, and the University of Colorado Denver's Colorado Building Workshop continued their partnership to create a second project. A group of twenty-eight students designed and built seven insulated cabins for year-round use. The cabins featured the same village housing boundaries as the fourteen seasonal cabins constructed two years earlier: deep within a lodgepole pine forest and accessible only by a narrow dirt road. The small cabin footprints, LED lighting, and the high-insulation properties of the structural insulated panels (SIPs) combined with the snow's natural insulation to create highly energy efficient living environments.

En 2016, la Colorado Outward Bound School (COBS), una organización sin ánimo de lucro centrada en la educación al aire libre, y el Colorado Building Workshop de la Universidad de Colorado en Denver continuaron su asociación para crear un segundo proyecto. Un grupo de veintiocho estudiantes diseñó y construyó siete cabañas aisladas para uso durante todo el año. Las cabañas tenían los mismos límites de vivienda que las catorce cabañas estacionales construidas dos años antes: en lo profundo de un bosque de pinos y accesible sólo por un estrecho camino de tierra. Las pequeñas huellas de la cabina, la iluminación LED y las altas propiedades de aislamiento de los paneles aislantes estructurales (SIP), combinadas con el aislamiento natural de la nieve, crean entornos de vida altamente eficientes desde el punto de vista energético.

Each 200-square-foot cabin was required to house one or two residents and be powered by a single electrical circuit. The circuit provides lighting, heating, and a series of receptacles with the capacity to charge technology and small appliances (mini refrigerators, teakettles, coffee pots, etc.). A central staff lodge is accessible to the residences for bathing, cooking, and laundry.

Cada cabaña de 19 m² debía albergar a uno o dos residentes y ser alimentada por un solo circuito eléctrico. El circuito dispone de iluminación, calefacción y una serie de receptáculos con capacidad para cargar tecnología y pequeños electrodomésticos (mini neveras, teteras, cafeteras, etc.). Un espacio central ofrece a las viviendas una áreas de aseo, cocina y lavandería.

All the materials used on the exterior and in the interior were chosen for their durability and their natural appeal to facilitate the integration of the cabins into the natural surroundings. Openings in the walls and passages between modules offer framed views of the immediate landscape.

Todos los materiales utilizados en el exterior y en el interior fueron elegidos por su durabilidad y su atractivo natural para facilitar la integración de las cabañas en el entorno natural. Las aberturas en las paredes y los pasadizos entre los módulos ofrecen vistas enmarcadas del paisaje inmediato.

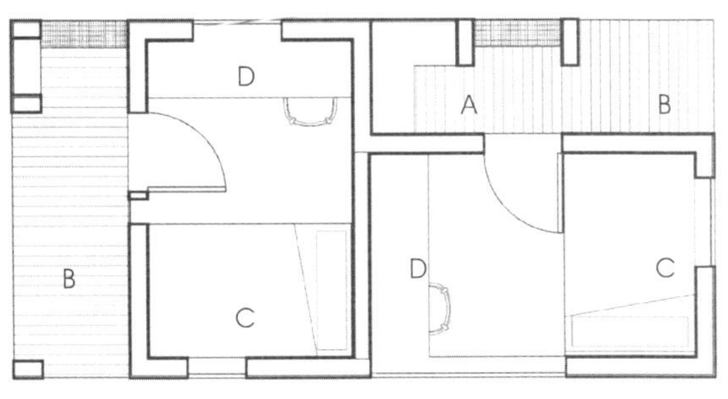

A. Outdoor mudroom
B. Deck
C. Bed with storage
D. Desk and built-ins

Cabin A floor plan

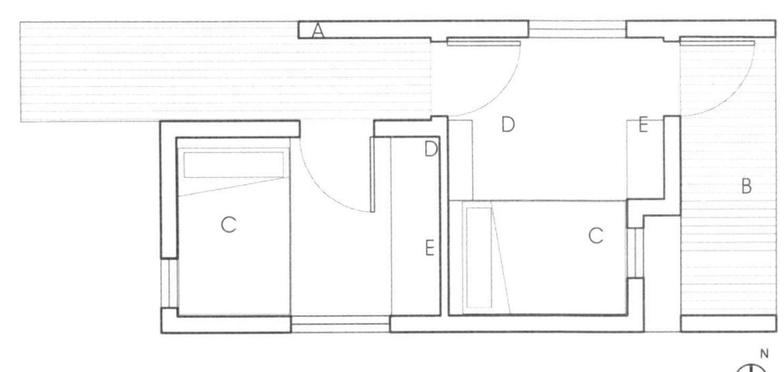

A. Entry walkway
B. Deck
C. Bed with storage
D. Built-ins
E. Desk

Cabin B floor plan

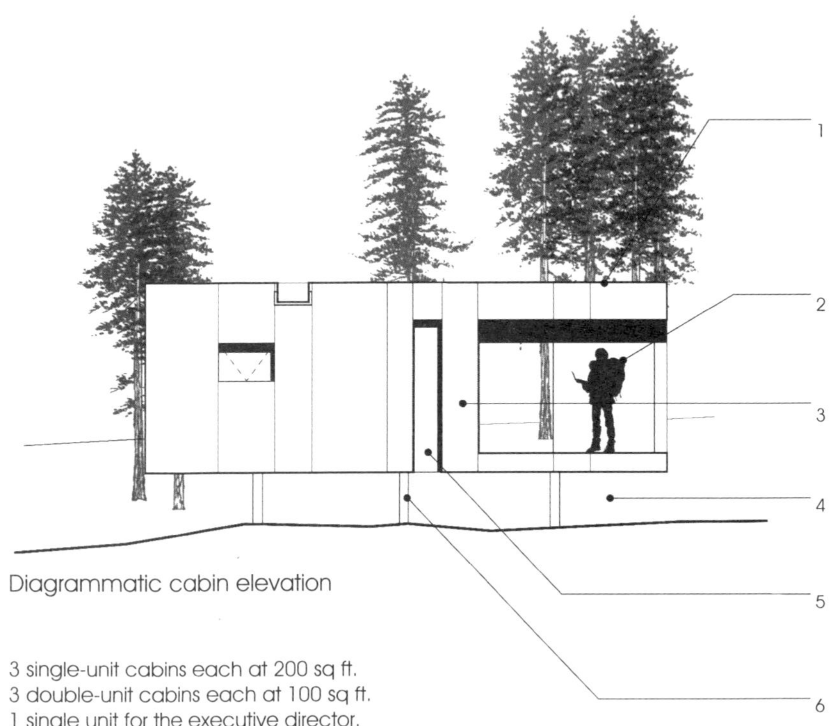

Diagrammatic cabin elevation

3 single-unit cabins each at 200 sq ft.
3 double-unit cabins each at 100 sq ft.
1 single unit for the executive director.

3 cabinas de una sola unidad de 19 m² cada una.
3 cabinas de doble unidad de 10 m² cada una.
1 unidad única para el director ejecutivo.

1. Flat roof holds snow in the winter for an additional R-30 insulation.
2. Private "compressed" decks for introverted senior outward bound guides.
3. Hot-rolled steel cladding used as a rainscreen to protect the cabin.
4. Under cabin storage for large items, including kayaks, skis, bikes, etc.
5. Custom 3MVI-B taped glazing at all fixed windows.
6. Steel subframe using moment connections to support structurally insulated panel frame. It utilizes the structure that already exists in the SIP to carry the load.

1. El techo plano retiene la nieve en invierno para conseguir un aislamiento adicional R-30.
2. Cubiertas privadas comprimidas
3. Revestimiento de acero laminado en caliente utilizado como protección contra la lluvia para proteger la cabina.
4. Almacenamiento bajo la cabaña para artículos grandes, incluyendo kayaks, esquís, bicicletas, etc.
5. Acristalamiento con cinta adhesiva 3MVI-B a medida en todas las ventanas fijas.
6. Marco secundario de acero que utiliza conexiones para soportar el marco del panel estructuralmente aislado. Se utiliza la estructura ya existente para soportar la carga.

Students were required to conduct a critical architectural inquiry into materiality, structure, light, context, environment, and program to create innovative solutions to prefabricated accelerated-build micro-housing.

A los estudiantes se les pidió que llevaran a cabo una investigación arquitectónica crítica sobre la materialidad, la estructura, la luz, el contexto y el medio ambiente. El programa debía crear soluciones innovadoras para la construcción acelerada de micro viviendas prefabricadas.

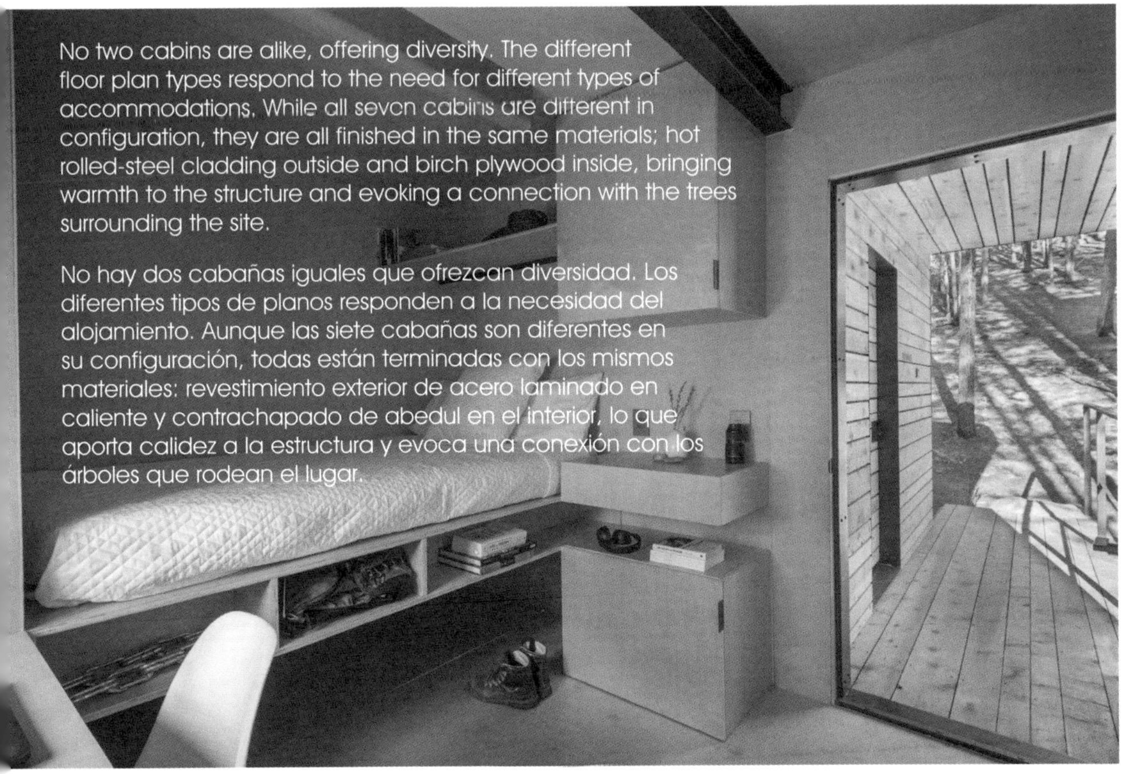

No two cabins are alike, offering diversity. The different floor plan types respond to the need for different types of accommodations. While all seven cabins are different in configuration, they are all finished in the same materials; hot rolled-steel cladding outside and birch plywood inside, bringing warmth to the structure and evoking a connection with the trees surrounding the site.

No hay dos cabañas iguales que ofrezcan diversidad. Los diferentes tipos de planos responden a la necesidad del alojamiento. Aunque las siete cabañas son diferentes en su configuración, todas están terminadas con los mismos materiales: revestimiento exterior de acero laminado en caliente y contrachapado de abedul en el interior, lo que aporta calidez a la estructura y evoca una conexión con los árboles que rodean el lugar.

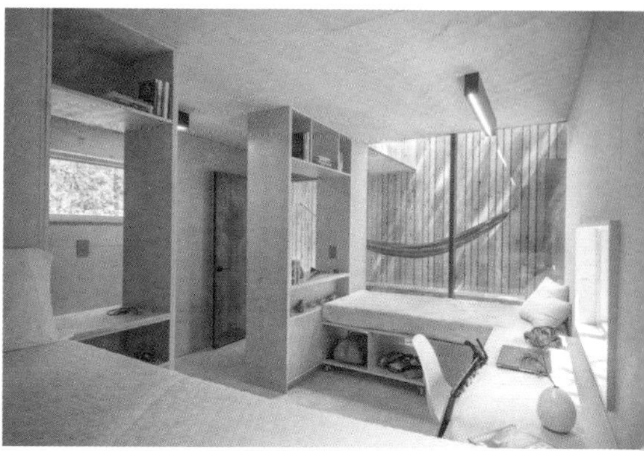

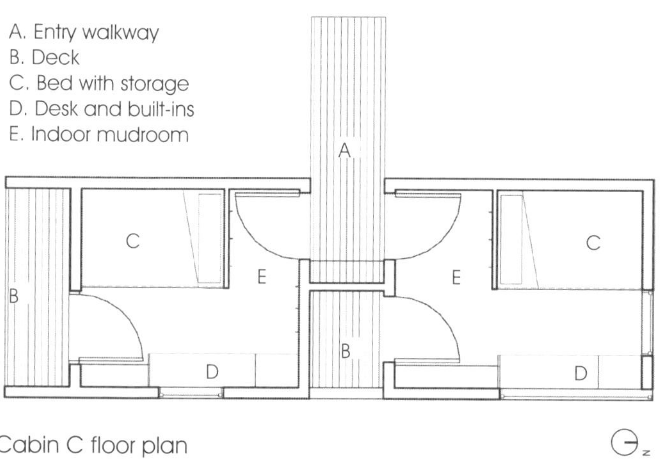

Cabin C floor plan

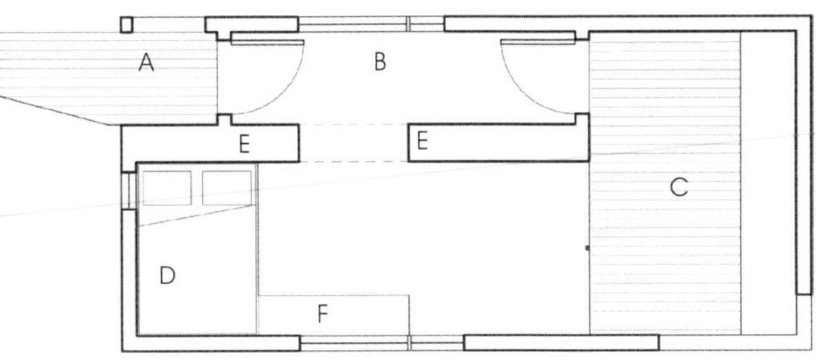

Cabin D floor plan

A. Entry
B. Indoor mudroom
C. Deck
D. Bed
E. Built-in cabinets
F. Desk

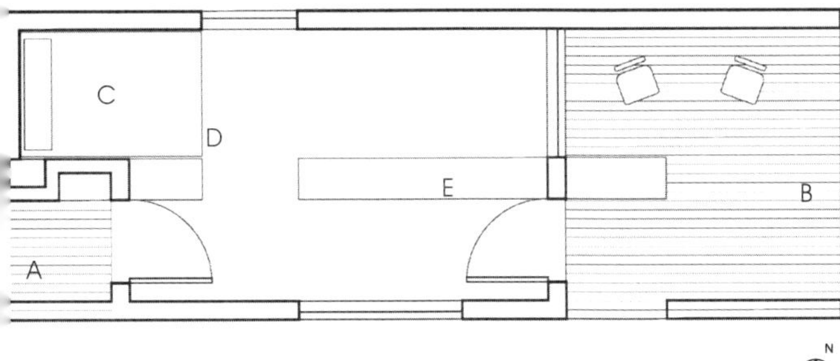

Cabin E floor plan

A. Entry
B. Deck
C. Bed with storage
D. Trundle bed (below)
E. Kitchen island

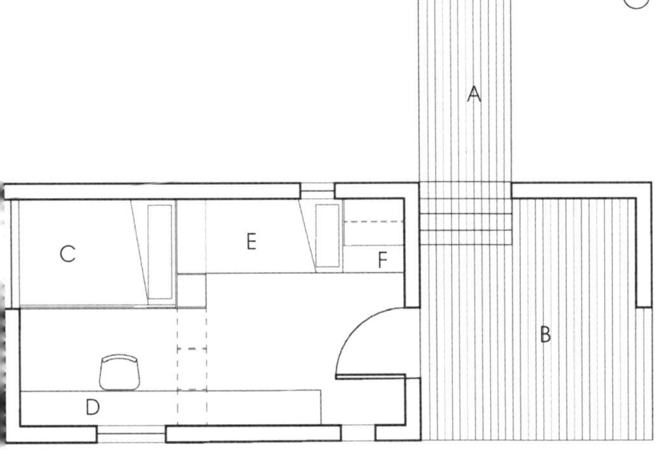

Cabin F floor plan

A. Entry walkway
B. Deck
C. Bed with storage
D. Desk and built-ins
E. Seating/overflow
F. Storage

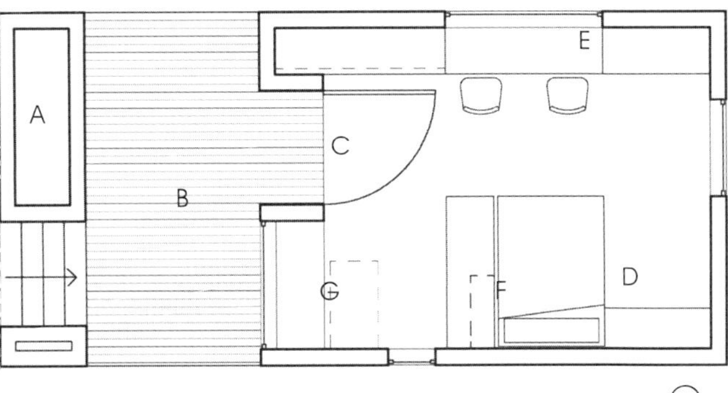

Cabin X floor plan

A. Outdoor storage
B. Deck
C.Entry
D. Bed with storage
E. Desk with built-ins
F. Kitchen
G. Seating

Thurso Bay Love Shack

Taylored Architecture
Location: Grindstone Island, New York, United States
Photos © Eric Salsbery

Taylored Architecture was asked to design a "tiny house" or "love shack" for a client as a surprise gift for her and her husband's twentieth wedding anniversary. The client desired a contemporary aesthetic with efficient spaces. Different materials, textures, and patterns combine with clear-finished plywood panels that unify the whole interior.
A standing seam roof wraps down the back exterior wall of the structure, while large windows and doors facing the Saint Lawrence River bring the outside in.

A Taylored Architecture se le pidió que diseñara una "casita" o "cabaña del amor" para un cliente como regalo sorpresa para su vigésimo aniversario de boda y el de su marido. El cliente deseaba una estética contemporánea con espacios eficientes. Diferentes materiales, texturas y diseños se combinan con paneles de madera contrachapada de acabado transparente que unifican todo el interior.
Un techo envuelve la pared exterior trasera de la estructura, mientras que las grandes ventanas y puertas que dan al río Saint Lawrence acercan el exterior hacia el interior.

The main room of the Love Shack has big windows that let abundant natural light in and visually open up the interior to the exterior. The brightly lit space looks comfortable and warm, thanks to the hardwood flooring and plywood paneling on the walls and ceiling. Sparsely furnished, the room affords an accent wall featuring a Mondrian-like composition made of different color-stained wood panels. Vivid colors, textures, and patterns animate the cabin, providing each area of the cabin with its own identity while creating flow among them.

La sala principal de "la cabaña del amor" tiene grandes ventanales que permiten la entrada de abundante luz natural y abren visualmente el interior hacia el exterior. El espacio luminoso parece cómodo y cálido, gracias a los suelos de madera y a los paneles de madera contrachapada de paredes y techo. Escasamente amueblada, la habitación ofrece una pared acentuada con una composición similar a la de Mondrian hecha de paneles de madera teñida de diferentes colores. Los colores vivos, las texturas y los patrones animan la cabaña, proporcionando a cada área su propia identidad, al mismo tiempo que crean flujo entre ellas.

Northeast view

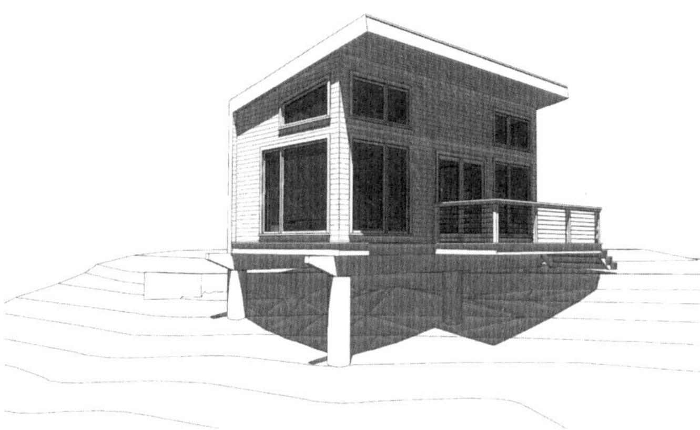

Southeast view

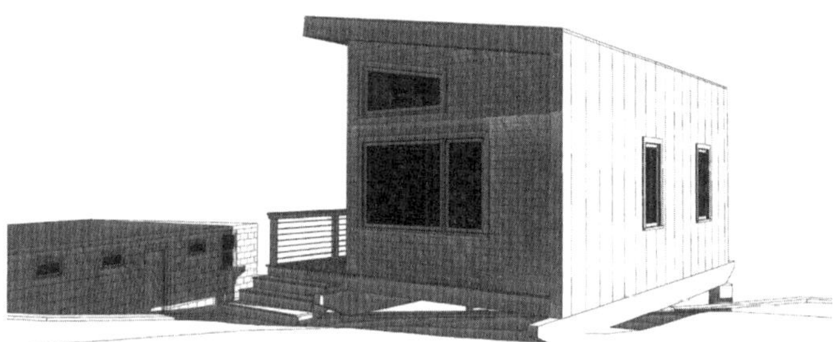

Northwest view

The setting of a house and its orientation is key to determining the placement and sizes of windows to optimize natural lighting, ventilation, and views. Windows not only influence an interior design but also how space is perceived by its occupants.

El entorno de una casa y su orientación es clave para determinar la ubicación y el tamaño de las ventanas. Estas optimizan la iluminación natural, la ventilación y las vistas. Las ventanas no sólo influyen en el diseño de un interior, sino también en la percepción del espacio por parte de sus ocupantes.

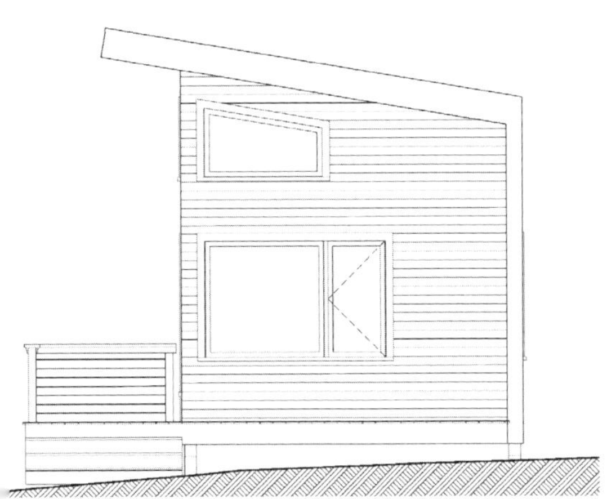

North elevation

East elevation

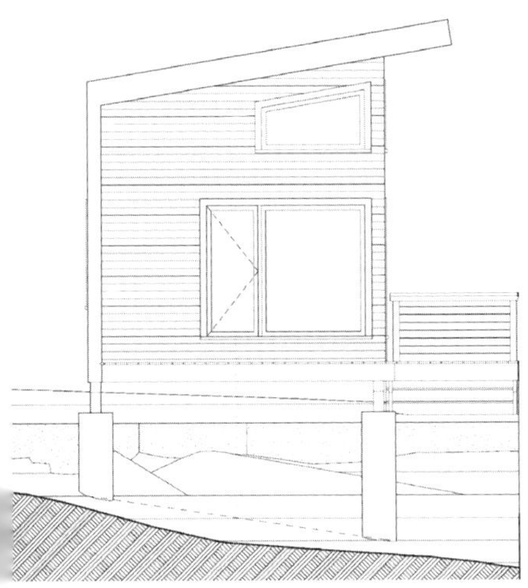

South elevation

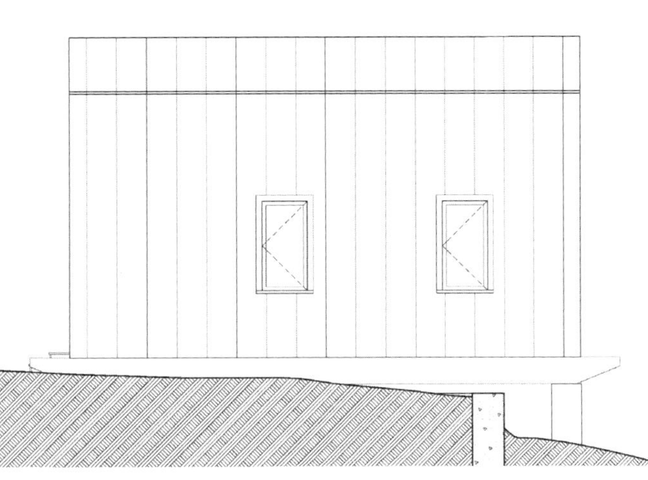

West elevation

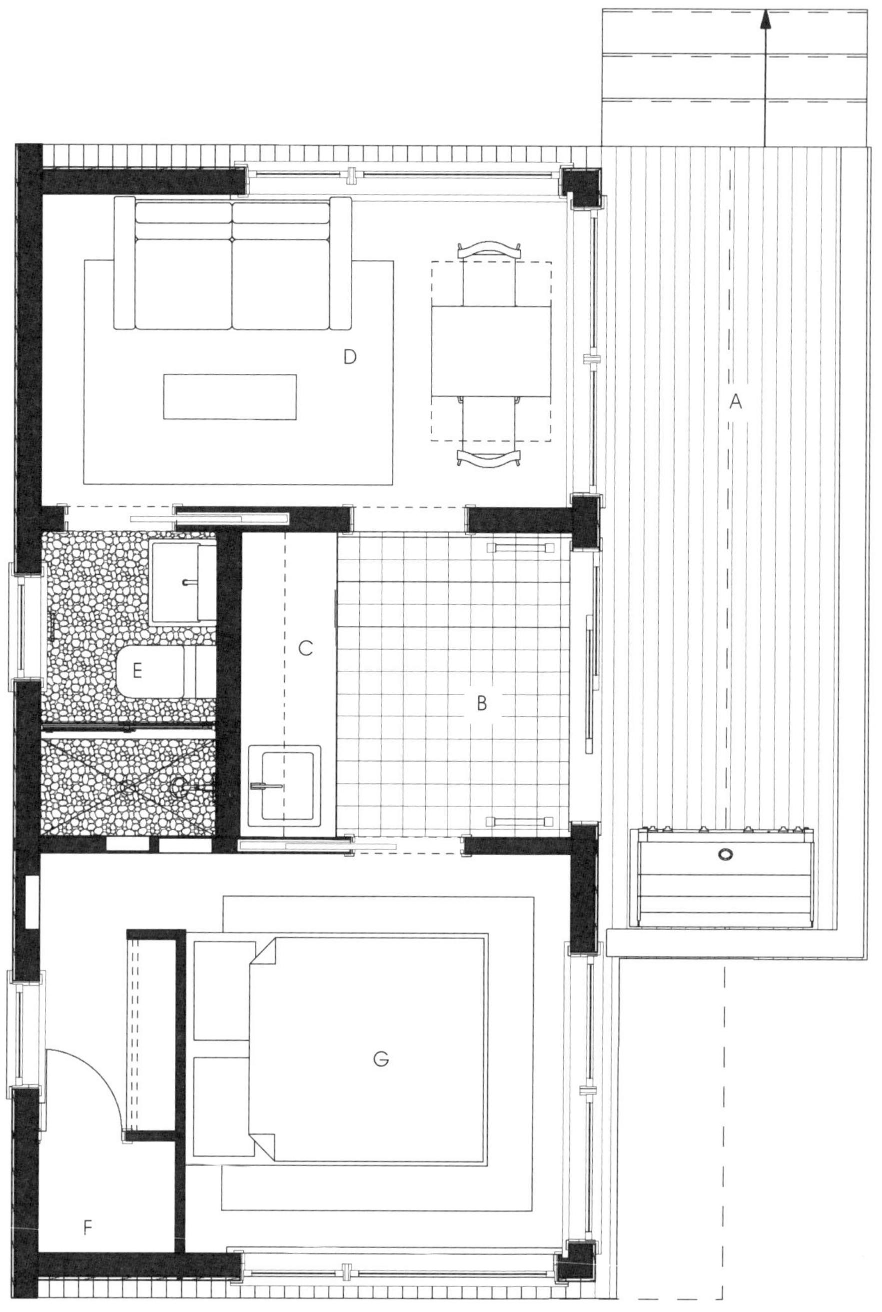

Floor plan

A. Deck
B. Entry
C. Kichenette
D. Living/dining area
E. Bathroom
F. Utility
G. Bedroom

Pops of color and texture must be used carefully in small spaces, as using them in excess can be overwhelming. They can be mixed with neutral colors or materials throughout to visually connect contiguous spaces and to create a harmonious balance. The bathroom is another display of color, texture, and pattern. A dark-colored running bond tile pattern on the walls, a river rock floor, and a plywood ceiling coexist beautifully despite the reduced area. The combination creates a clean yet warm atmosphere.

Los toques de color y textura deben ser usados con cuidado en espacios pequeños, ya que usarlos en exceso puede resultar abrumador. Pueden ser mezclados con colores neutros o materiales para conectar visualmente espacios contiguos y crear armonía. El baño es otra muestra de color, textura y diseño. Un patrón de azulejos y baldosas de color oscuro en las paredes, un suelo de roca de río y un techo de madera contrachapada coexisten maravillosamente a pesar de lo reducido del espacio. La combinación crea una atmósfera limpia y cálida.

ParkArk Oog-in-al

Project team: Richèl Lubbers, Tjerk van de Wetering, Lucia Sanchez
Location: Kanaalweg (Utrecht), The Netherlands
Photos: © StijnStijl, Stijn Poelstra Bird Eye Photo © Marcel Engelman

The ParkArk of Hieke and Sietze, located next to a busy cycling route through a park, has been completed. The combination of the publically visible moorage and the client's residential needs were central concerns during this design.
The clients had a number of requests. Firstly, they wanted the ark to be larger than their former one, while maintaining the intimate atmosphere of their former steel ship. Also, they wanted to have the full experience of 'living and floating on the water', though without the application of a hackneyed nautical form language, such as portholes. Finally, they wanted a boat where no one can look in, but at the same time they wanted a full view of the park. As a visitor, one first approaches the boat over a footbridge, to find a door that barely gives away anything of the interior. Inside, however, a large skylight offers you a view of the treetops, and directly in front of you the park is visible. Opposite the front door is an access to the roof terrace and the mooring for the fishing punt. On either sides are the living and dining room, accessible from the open hall, which is raised one step to give extra ceiling height in the shower.

La construcción del ParkArk de Hieke y Sietze, situado cerca de una transitada ruta ciclista que atraviesa un parque, ya se encuentra finalizada. La principal preocupación durante el diseño fue combinar la construcción de un embarcadero visible para el público con las necesidades residenciales de los clientes.
Los clientes plantearon varias exigencias. En primer lugar, querían que la embarcación fuera más grande que la anterior, manteniendo eso sí la atmósfera íntima del viejo barco de acero. También querían disfrutar plenamente de la experiencia de "vivir y flotar sobre el agua", pero sin un lenguaje náutico demasiado manido, como serían por ejemplo los ojos de buey. Por último, querían un barco cuyo interior no fuera visible desde fuera, pero conservando una vista íntegra del parque desde dentro. Para llegar al barco, los visitantes han de atravesar un puente peatonal, tras el cual encontrarán una puerta que apenas permite ver nada de lo que hay en el interior. Sin embargo, dentro, una amplia claraboya permite ver las copas de los árboles, con el parque justo delante. Enfrente de la entrada principal hay un acceso a la azotea y al embarcadero del bote de pesca. A ambos lados se encuentran el comedor y el salón, a los que puede accederse desde el hall abierto, que se encuentra ligeramente elevado para que la ducha tenga mayor distancia respecto al techo.

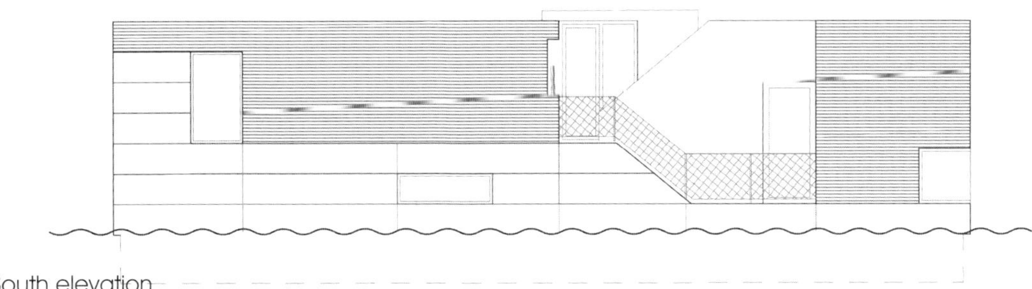

South elevation

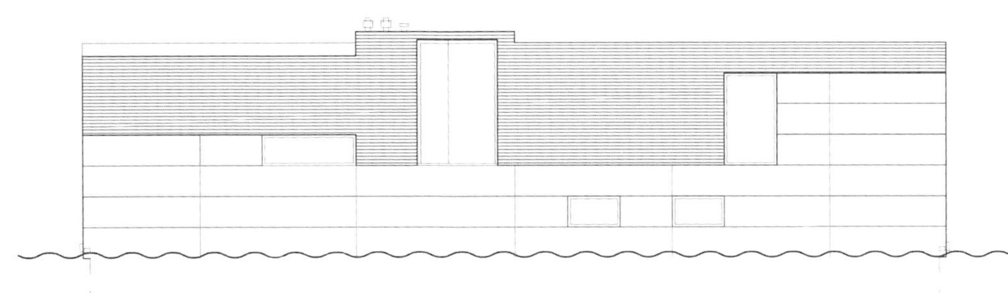

Dock / North elevation

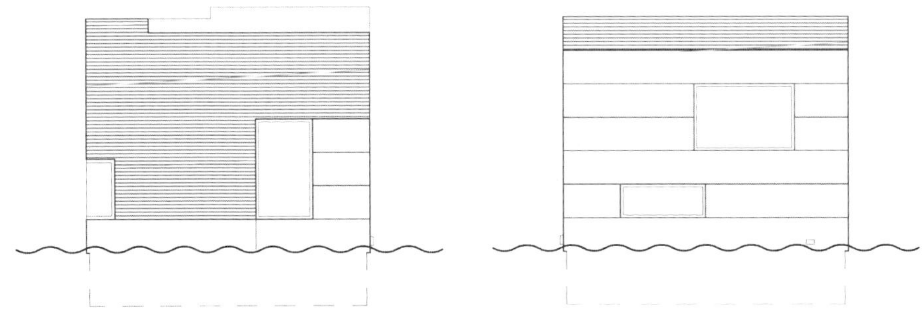

East elevation

Bridge / West elevation

The port authority of Utrecht allows maximum external dimensions of 5 x 16.5 meters, 1 meter depth, and 4 meter above the water level. The design of a floating houseboat provides additional challenges with respect to structures with foundations. Besides the strict external dimensions there must be a balance in the distribution weight. A heavy bookcase can indeed cause the boat to tilt, and subsequently, this may cause rainwater to accumulate on the roof, furthering the tilt. While not visible from the outside, the houseboats has drainpipes at every corner making this scenario impossible. The use of 3D models made it possible to develop key details before the execution. A method that is not feasible in every private project.

La autoridad portuaria de Utrecht permite unas dimensiones externas máximas de 5x16,5 metros, con una profundidad de 1 metro, y una altura de 4 metros por encima del nivel del agua. El diseño de una casa flotante plantea más retos que las estructuras con cimientos. Además de las estrictas dimensiones externas, tiene que haber un equilibrio en la distribución del peso, ya que por ejemplo, una pesada librería puede hacer que el barco se incline, provocando a su vez que el agua de la lluvia se acumule en el tejado y haga aumentar aún más esa inclinación. Para evitarlo, las casas-barco cuentan con canalones en cada esquina que no se ven desde fuera. El empleo de modelos 3D ha permitido desarrollar previamente los detalles principales, aunque este método no es factible en todos los proyectos privados.

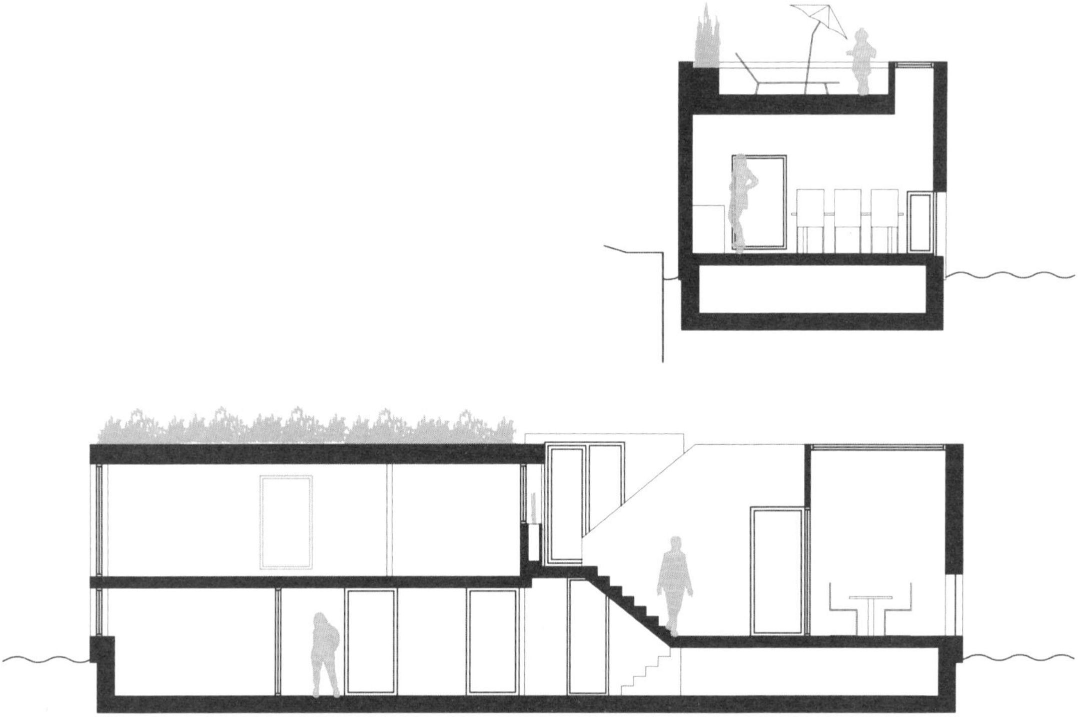

Sections

The facade consists of multiple materials, giving a special appearance. The copper sheets at the bottom nearly touches the water, causing a the boat's reflection to gently blend with the facade. The fenestration establishes a balance between privacy and maximised views of the park. The external staircase connecting to the roof terrace continues the white stucco of the interior, creating the atmosphere of an outdoor room.

La fachada está hecha de múltiples materiales, lo que le confiere una apariencia especial. Las láminas de cobre de la parte inferior casi tocan el agua, haciendo que su reflejo combine con la fachada. Las ventanas ofrecen un equilibrio entre privacidad y grandes vistas al parque. La escalera exterior que permite subir a la azotea es una continuación del estuco blanco del interior, creando una atmósfera como si se tratara de una habitación al aire libre.

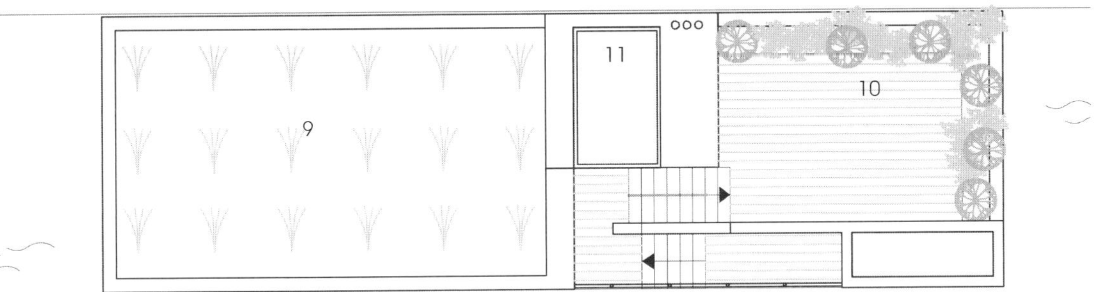

Roof view

1. Entrance
2. Living room
3. Study
4. Kitchen
5. Bedroom
6. Crawlspace
7. Bathroom
8. Laundry room
9. Green roof
10. Terrace
11. Glass roof

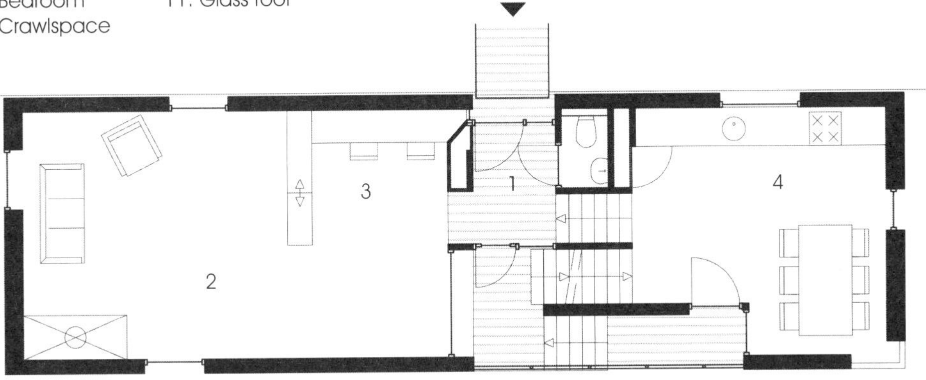

Living room and kitchen

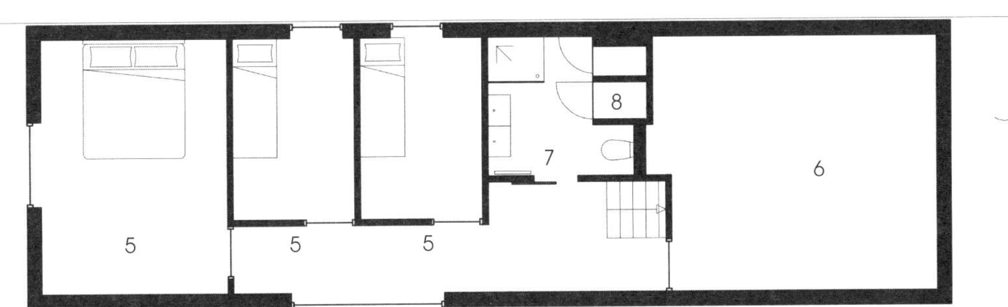

Bedrooms and bathroom

DOC Floating House

Lime Studio www.limestudio.ro
Location: Borcea Channel, Danube River (Calarasi), Romania
Photos © Sabin Prodan (www.tryingtodoart.com)

DOC intertwines the typology of a compact house - having a low environmental impact - with the specificity of a unique location: distributary channel Borcea. The location and the desire of a new type of dwelling - a floating, multifunctional, mobile house - imposed special and complex constructive conditions. The high water level variations of the river due to seasonal changes as well as budget conditioning have resulted in constructing a trailer like platform that can be relocated. The house is responding to site changes and changes with it. Mobility as the main feature of the construction dictated the simplicity of the designed space. Compact and with a simple, rectangular plan, the space gets a spectacular feel through the manner it integrates with the location, complimenting it. Amazing images are brought in everyday use through wide windows and patio.

DOC combina la tipología de una casa compacta (con un impacto medioambiental reducido) con la particularidad de su ubicación única: el canal afluente Borcea. La localización y el deseo de crear un nuevo tipo de vivienda (una casa móvil flotante multifuncional) imponían diversas condiciones especiales y complejas a la hora de la construcción. Las importantes variaciones del nivel del agua según la estación y las restricciones presupuestarias han desembocado en la construcción de una plataforma similar a un tráiler con facilidad para su reubicación, que hace que la casa pueda responder a los cambios de localización. Dado que la característica principal de la construcción era la movilidad, el espacio tenía que ser claramente sencillo. El resultado, compacto y con una sencilla forma rectangular, es espectacular, sobre todo en lo que respecta a su integración con el entorno, complementándose. Su uso diario permite obtener imágenes impresionantes a través del patio y de sus grandes ventanales.

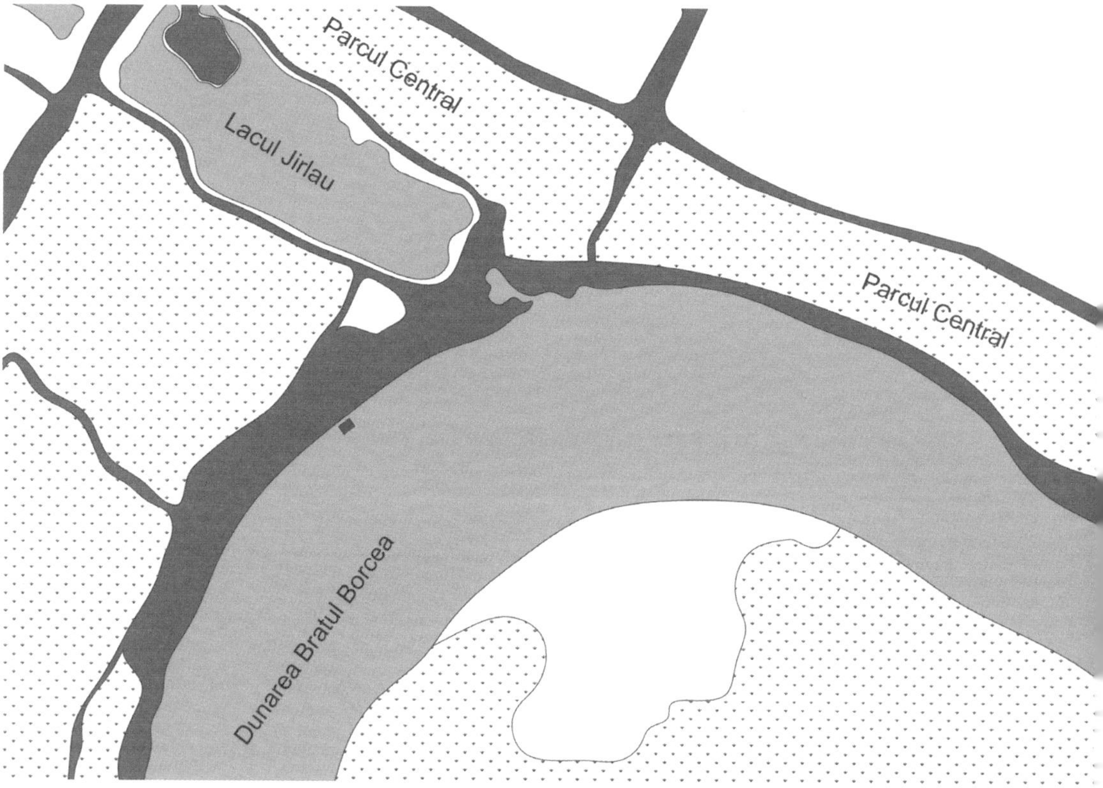

Parcul Central
Lacul Jirlau
Parcul Central
Dunarea Bratul Borcea

Location plan

Section

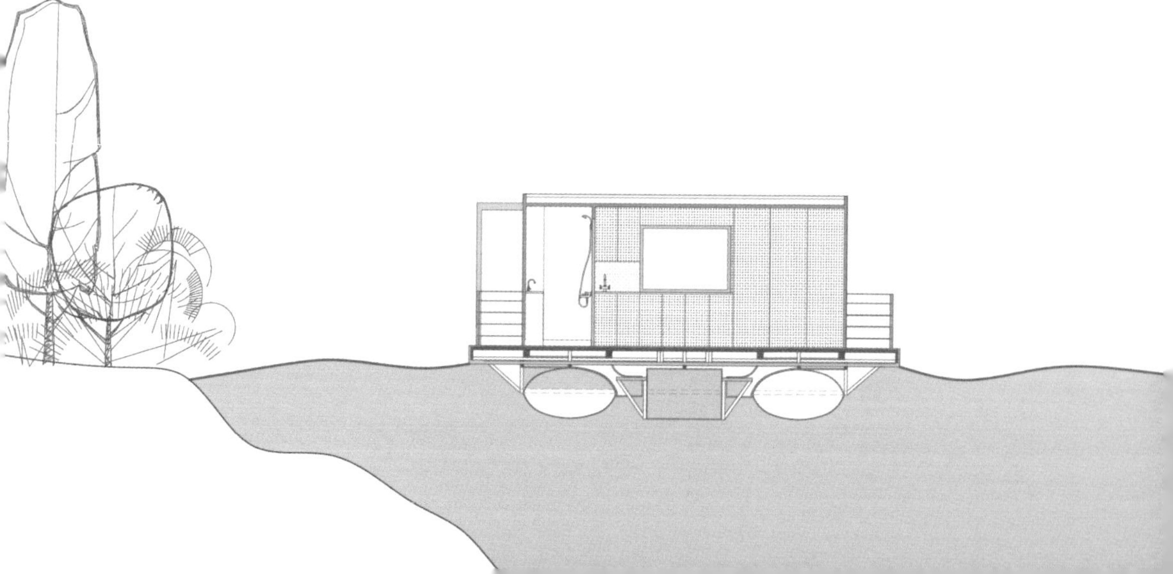

ılthough very open, the pontoon provides visual ıtimacy from the city through its positioning. ꜱ multifunctionality of temporary housing and ıeeting point for water sports lovers opens up ew perspectives and exploration angles for a ɔrgotten and undiscovered area - the Danube ver and the Calarasi area.

Aunque se encuentra muy abierto, el pontón ofrece, gracias a su posición, la máxima intimidad visual desde la ciudad. Su multifuncionalidad como vivienda temporal y punto de encuentro para los amantes de los deportes acuáticos abre nuevas perspectivas y ángulos de exploración para una zona olvidada y aún por descubrir: el río Danubio y la zona de Calarasi.

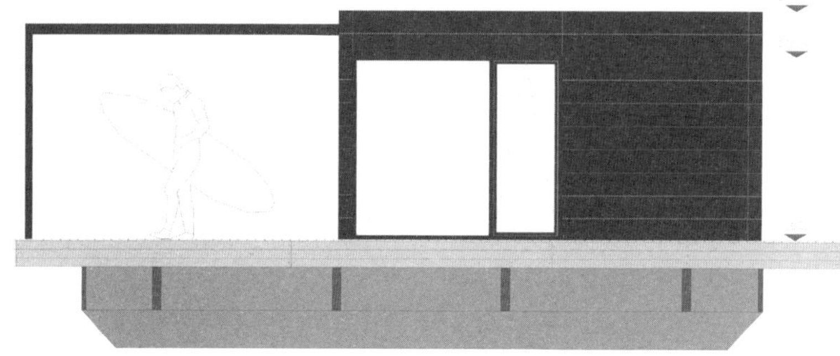

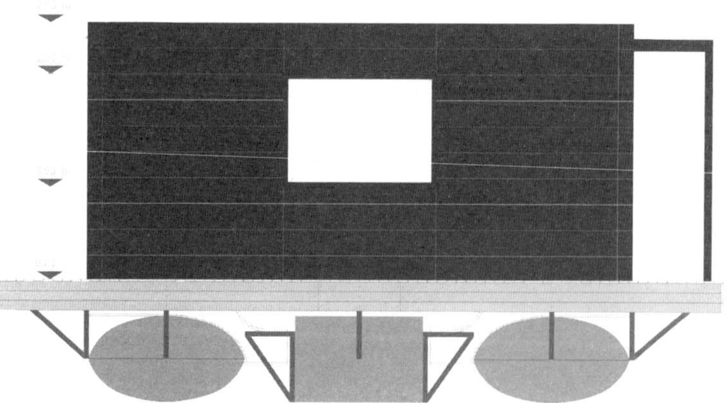

Elevations

The building process began taking into consideration the context, location and community by harnessing an existing and abandoned pontoon that has been adapted to current needs.

El proceso de construcción se inició teniendo en cuenta el contexto, la localización y a la comunidad, aprovechando un pontón abandonado que ha sido adaptado a las necesidades actuales.

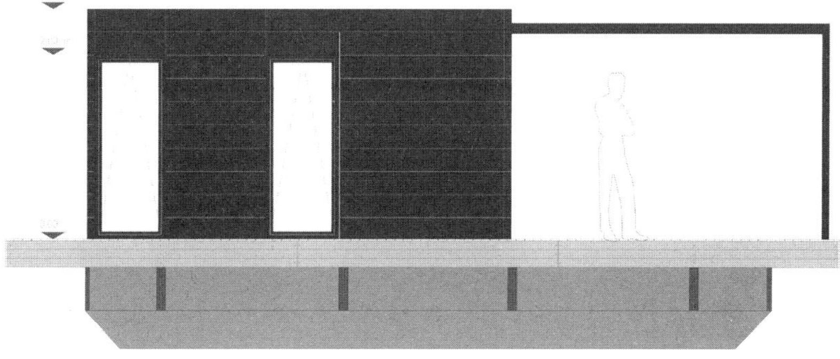

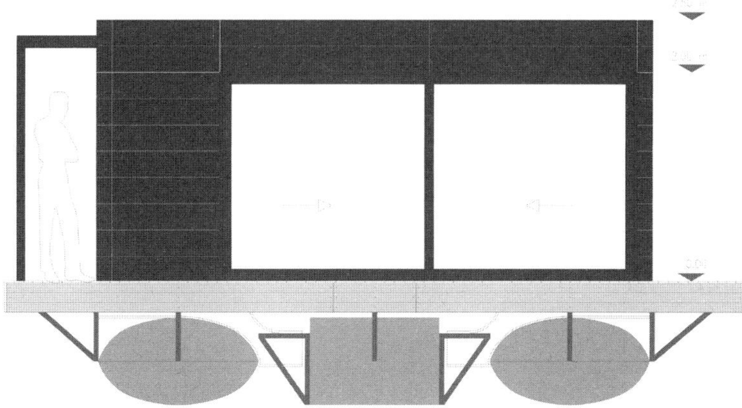

Elevations

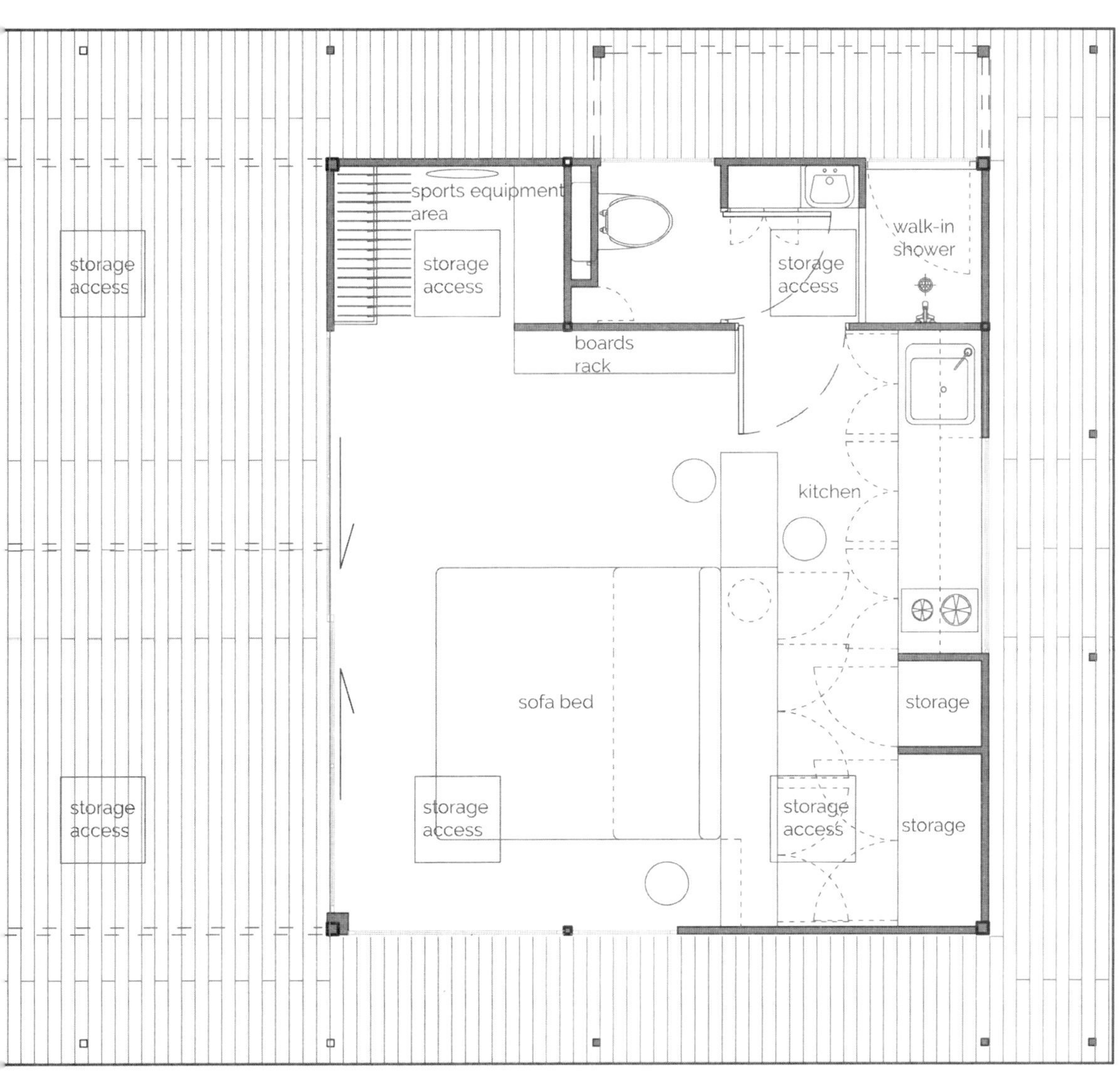
sports equipment area
storage access
storage access
storage access
walk-in shower
boards rack
kitchen
sofa bed
storage
storage access
storage access
storage

Floor plan

Arabella CABN

CABN www.cabn.life
Location: Kangaroo Valley, New South Wales, Australia
Photos© Newstyle Media

CABN was created to help provide people with a means to disconnect from the craziness we have brought upon ourselves. The Kangaroo Valley cabin is handcrafted with as many local materials as possible, sustainable, eco-friendly, and easy to install. These are major selling points that make the cabin so appealing to those who share CABN's philosophy: "to live, leaving no footprint." Composting toilets, rainwater catchment, and solar power make this tiny home 100 percent off-grid. The cabin is perfect as a second home, a studio, a mini retreat, a holiday home, or a guesthouse.

CABN fue creado para ayudar a proveer a la gente con un medio para desconectarse del intenso estilo de vida actual. La cabaña Kangaroo Valley está hecha a mano con todos los materiales locales posibles, es sostenible, ecológica y fácil de instalar. Estos son los principales puntos de venta que hacen que la cabaña sea tan atractiva para aquellos que comparten la filosofía de CABN: "vivir sin dejar huella." Los inodoros de compostaje, la captación de agua de lluvia y la energía solar hacen que esta pequeña casa esté totalmente desconectada de la red eléctrica. La cabaña es perfecta como una segunda residencia, un estudio, un mini retiro, una casa de vacaciones o de huéspedes.

The cabin is a sustainable and eco-friendly tiny house. It is set in some of Australia's most stunning and stimulating landscapes, offering an ideal escape completely off-grid. The open character of the cabin is enhanced by the large openings that bring the outdoors in.

La cabaña es una pequeña casa sostenible y ecológica. Se encuentra en algunos de los paisajes más impresionantes y estimulantes de Australia, ofreciendo un escape ideal. El carácter abierto se ve realzado por las grandes aberturas que traen el aire libre hacia el interior.

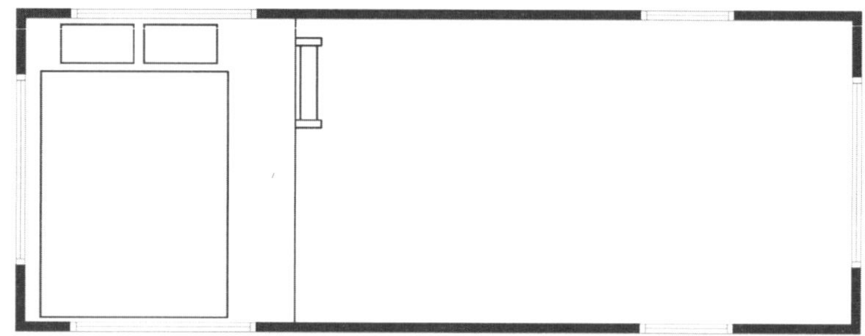

Main floor plan

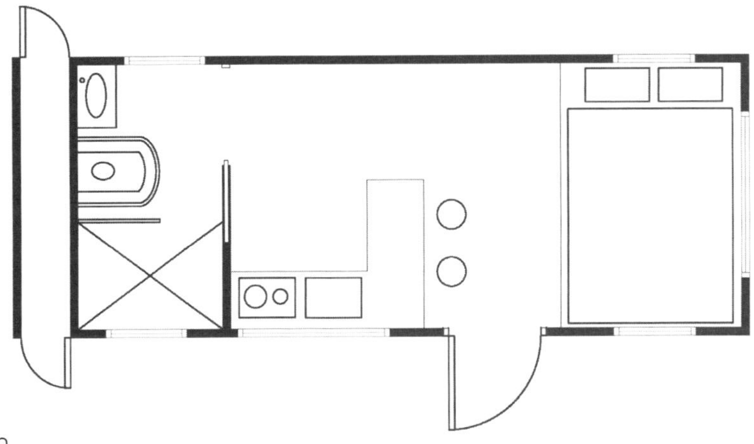

Sleeping loft plan

DublDom Houseboat

DublDom Volga River,
Location: North of Moscow, Russia
Photos © DublDom

DublDom has produced a series of wood-frame prefabricated dwellings in line with its modular principles. The design of these compact dwellings makes them especially suitable for vacation homes and temporary housing. They also offer significant benefits and opportunities when challenged by remote locations. The latest variation is this floating cabin called the DublDom Houseboat. It stands on pontoons on the Volga River, a three-hour drive north of Moscow, where it serves as a guest suite for the Paluba Hotel. As both the houseboat and the pontoon system are modular, larger versions can be produced. Like other DublDom constructions, the floating version comes insulated and wired. Utilities can be planned either for shore connections or for off-grid setup.

DublDom ha producido una serie de viviendas prefabricadas con armazón de madera de acuerdo con sus principios modulares. El diseño de estas viviendas compactas las hace especialmente adecuadas para casas de vacaciones y viviendas temporales. También ofrecen importantes beneficios y oportunidades cuando se ven desafiados por lugares remotos. La última variación es esta cabina flotante llamada DublDom Houseboat. Se encuentra en pontones sobre el río Volga, a tres horas en coche al norte de Moscú, donde sirve como suite de huéspedes para el Hotel Paluba. Como tanto la casa flotante como el sistema de pontones son modulares, se pueden producir versiones más grandes. Al igual que otras construcciones de DublDom, la versión flotante se instala aislada y cableada. Los suministros pueden planificarse tanto para las conexiones en tierra como para la configuración fuera de la red.

The DublDom Houseboat has a shore-built version, which has the same design and floor plan as its floating counterpart. Each has an open living area with a fully glazed wall facing a porch. The bedroom and bathroom are located at the back of this compact home for more privacy. The floating cabin is solidly moored to the river edge for stability and easy access from land.

El DublDom Houseboat ofrece una versión de construcción en tierra, que tiene el mismo diseño y plano que su homólogo flotante. Cada uno tiene una sala de estar abierta con una pared totalmente acristalada abierta a un porche. El dormitorio y el baño se encuentran en la parte trasera de esta casa compacta para mayor privacidad. La cabaña flotante está sólidamente amarrada a la orilla del río para mayor estabilidad y fácil acceso desde tierra.

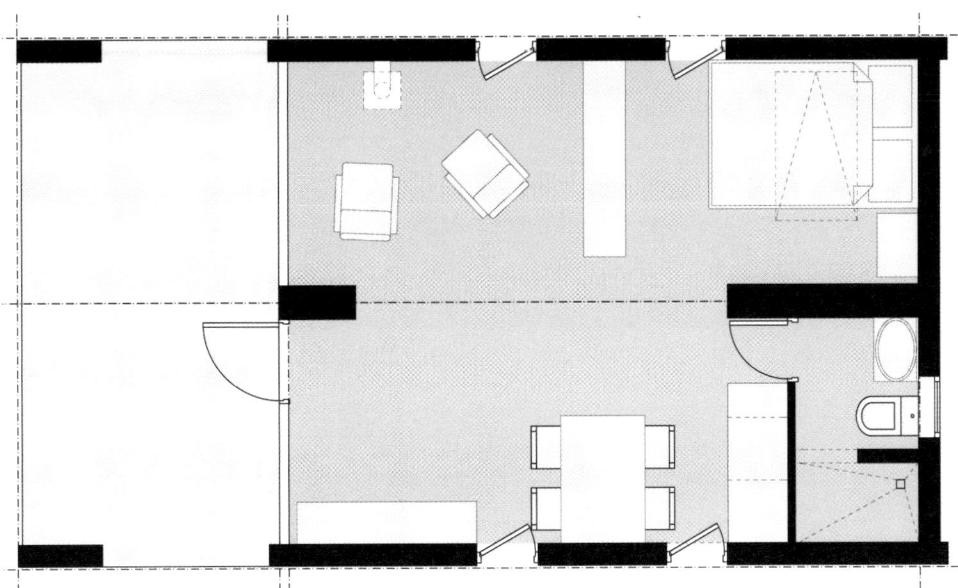

Floor plan

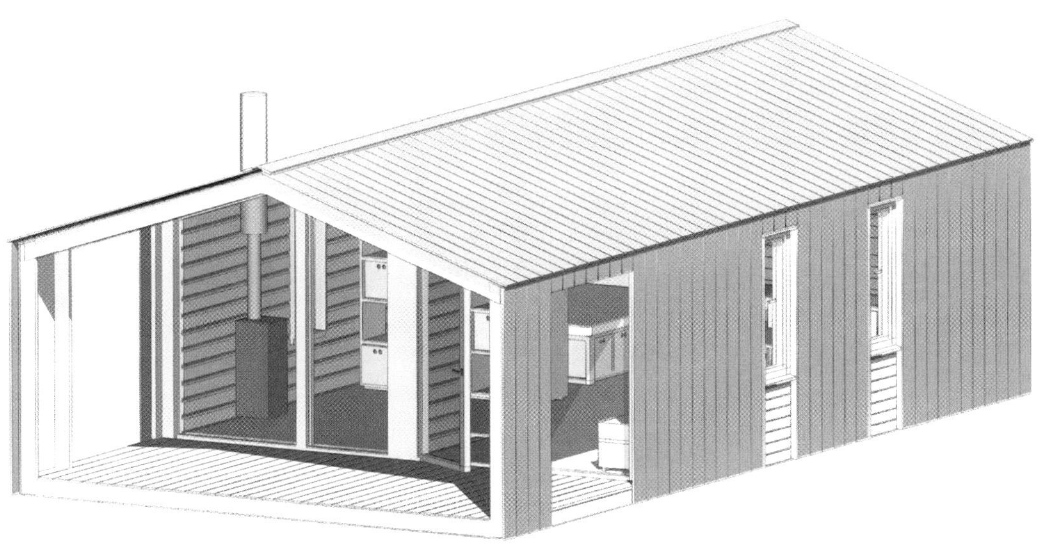

Axonometric view

/indows on all sides of the DubleDom Houseboat invite atural light in, making the home feel inviting. Minimal ırnishing and generous storage maximize the use of space. linimal partitioning allows long views of the surrounding atural setting.

as ventanas en todos los lados de la casa flotante ubleDom invitan a la luz natural, haciendo que la casa un efugio acogedor. El mobiliario mínimo y el almacenamiento eneroso maximizan el uso del espacio. La mínima partición ermite vistas del entorno natural circundante.

Pond House

Andreas Wenning www.baumraum.de
Location: Near Osnabrück, Germany
Photos © Markus Bollen

This exclusively sculptured space floats over a garden pond in our customer's house near Osnabrück. The client wanted a space where he could enjoy time and play with his grandchildren. In the beginning, the assignment was a house in the trees. But on further exploration of the location, the distinctively singular situation of having a pond was taken into account and became a possibility which further on in the pre-design phase was chosen as the best and final location.
The environment is elegantly reflected on the elaborately finished bronze-colored stainless steel façade, changing colors depending on the surrounding light conditions. The pond house rests lightly on a dynamically shaped dark gray-colored concrete foundation.

Situado cerca de Osnabrück, este espacio de diseño exclusivo flota en el estanque del jardín de la casa de nuestro cliente, que buscaba un espacio en el que jugar y disfrutar con sus nietos. Al principio nos había encargado construir una casa en los árboles, pero al explorar la ubicación con más detalle, salió a relucir el hecho singular de la presencia del estanque y empezó a tenerse en cuenta esta posibilidad, que se consolidó en la fase de pre-diseño al elegirse como la mejor localización, y por tanto, la definitiva.
El entorno se refleja de forma elegante en la fachada, de acero inoxidable, de color bronce, y con un acabado de lo más elaborado, que cambia de color según las condiciones lumínicas de los alrededores. La casa del estanque, con forma dinámica, se asienta livianamente sobre unos cimientos grises de hormigón.

The interior of the Pond house is strongly influenced by the material oak. The minimalist furnishing is composed of a spacious seating area, a sideboard and a small wooden table. Due to the obliquely cut skylight, when the sky is clear, one can lie down and look directly to the stars. Another special attraction, is a horizontal glass surface at the end of the interior lying surface. Here, visitors can look directly down at the water surface of the pond.

El interior de la casa está claramente dominado por la madera de roble. El mobiliario minimalista se compone de una espaciosa zona de descanso, un aparador y una pequeña mesa de madera. Gracias al corte oblicuo de la claraboya, cuando el cielo está despejado, uno puede tumbarse y mirar directamente las estrellas. Otra atracción especial es el cristal horizontal situado al final de la superficie interior de descanso, en la que los ocupantes podrán mirar directamente a la superficie del agua del estanque.

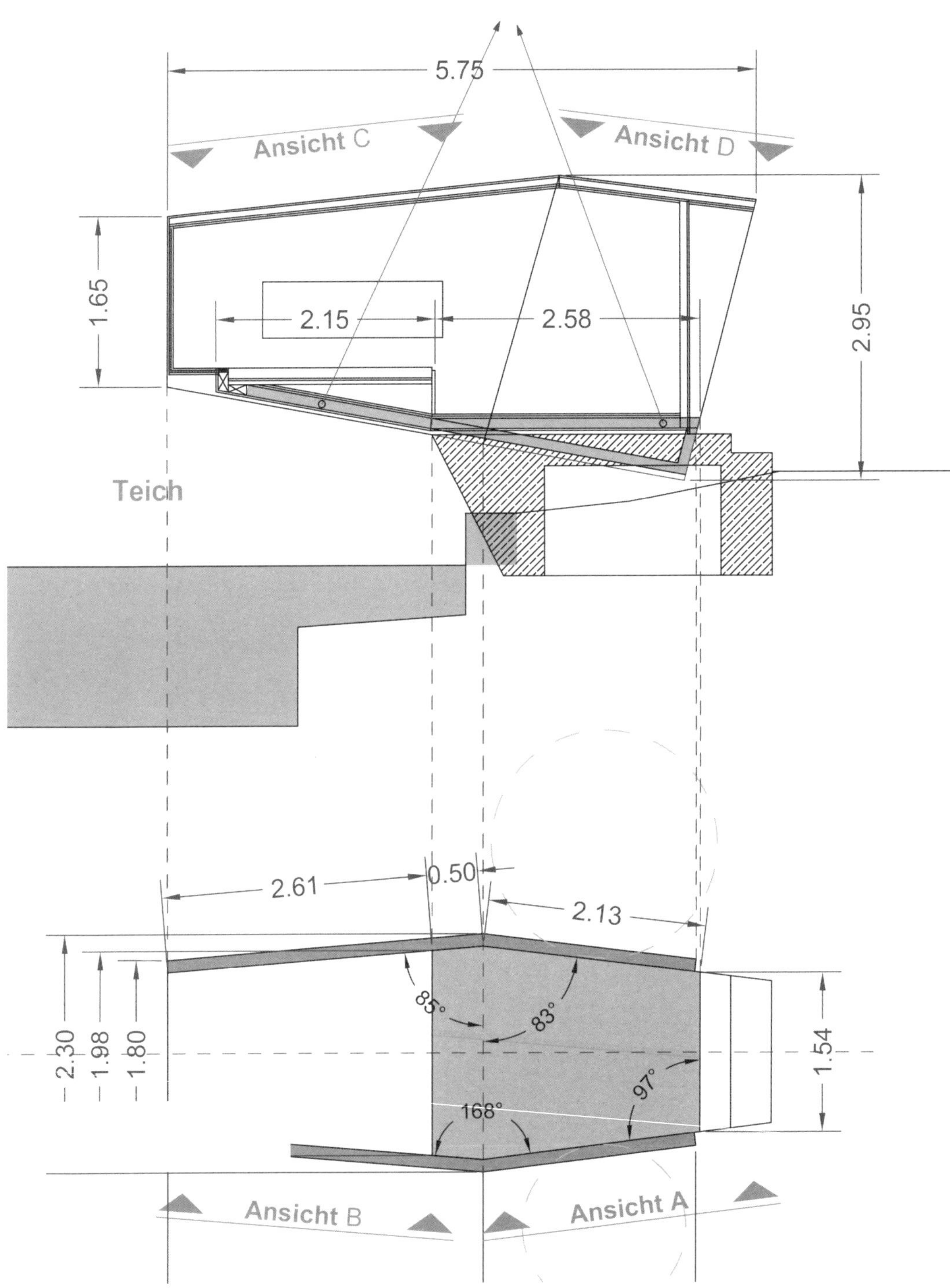

Foundation bond house
Section and floorplan

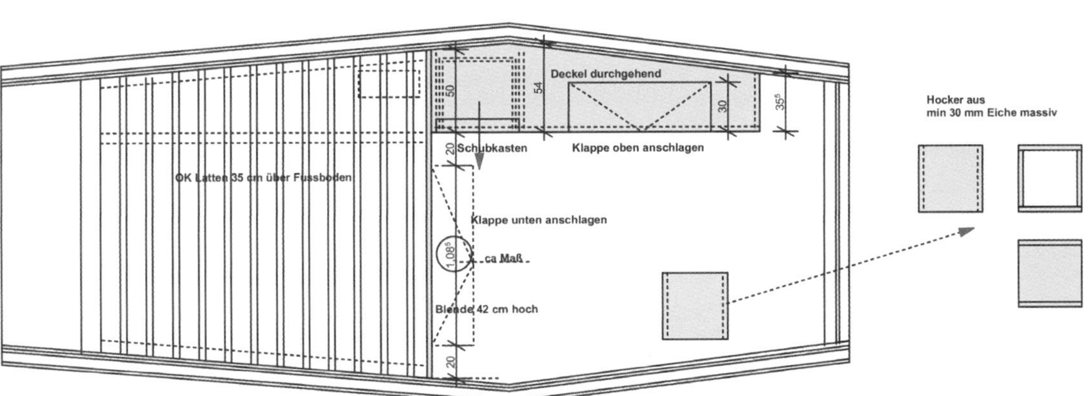

Floorplan bond house
Interior in solid oak

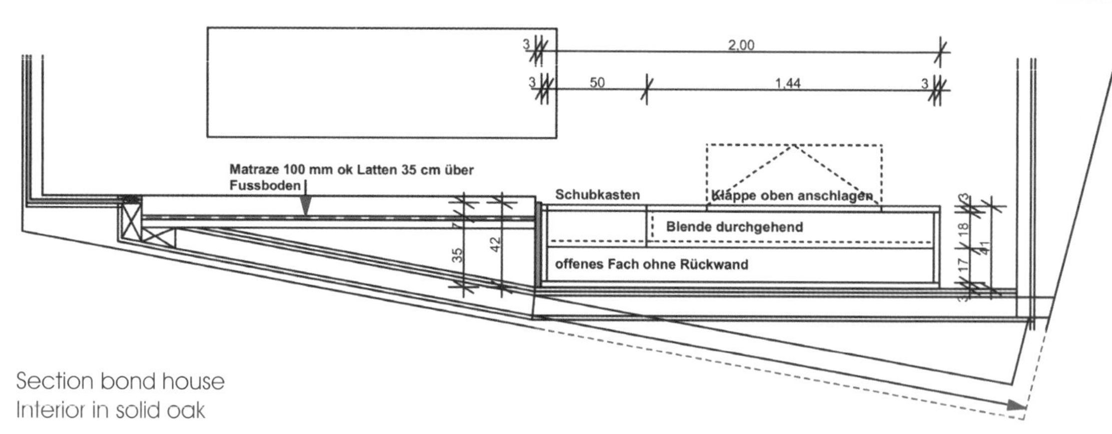

Section bond house
Interior in solid oak

Koleliba

Architect: Hristina Hristova www.koleliba.com
Photos © Deyan Tomov

The idea for this tiny vacation house was born out of our desire to stay away from the crowds and the concrete of the five stars beach resorts and spend time somewhere calmer and closer to nature instead. Our limited budget as a young family kept the idea of buying a plot and building on it distant and impossible. And by doing so we were just going to be part of the concrete army invading the sea side. So we opted for making our retreat on wheels. The restrictions defying the sizes of a vehicle that could freely go on the roads determined the size of our tiny home – 9 square meters. This was all we've got to make a functional vacation house.
The limited space was a challenge but we managed to fit everything necessary without the unpleasant claustrophobic feeling of being stuck in a narrow place full of stuff. The standard height of 2,4 m at the ridge of the roof as well as the substantial glazing made this tiny project feel more like a spacious house. The light coming from the full height windows allowed the amazing sea view to become a dominant part in the interior. As the feel of the used materials were very important to us we chose to go with white oiled cladding and ply wood. This oil allowed the timber to breathe and kept the enchanting smell of freshly cut wood stay in the tiny house forever

La idea de esta casa de vacaciones nació a partir de nuestro deseo de alejarnos de la multitud y el cemento de los grandes complejos turísticos y pasar algunos días en un sitio tranquilo y cerca de la naturaleza. Nuestro limitado presupuesto nos hizo considerar la idea de comprar un terreno y construir en él como algo lejano y prácticamente imposible. Por otra parte, haciendo eso, íbamos a formar parte del ejercito de cemento que está invadiendo la costa. Por lo tanto, decidimos pasar nuestra jubilación sobre ruedas. Las restricciones referentes al tamaño de un vehículo de este tipo para poder circular libremente por cualquier lugar hicieron que para poder disponer de una casa de vacaciones nos tuviésemos que conformar con 9 metros cuadrados.
El limitado espacio del que disponíamos constituyó un verdadero desafío para poder colocar todas nuestras cosas sin tener la claustrofóbica sensación de estar metidos a presión en un sitio estrecho y lleno objetos. Los 2,40 metros de altura del techo en su parte más alta y las gran cantidad de superficies acristaladas aumentan la sensación de espacio, al mismo tiempo que permiten la entrada de luz y que la vista del mar parezca una continuación del interior. Como el material utilizado era algo importante para nosotros, decidimos utilizar madera contrachapada con un revestimiento de aceite blanco. El aceite permite respirar a la madera y al mismo tiempo suelta, permanentemente, una agradable fragancia a madera recién cortada.

As the main goal of this project was to make us spend more time outside and make up for the murky, rainy, winter days in the office we made the exterior a natural continuation of the interior. A big bench spanning across the main façade made enough space for our dear friends coming to visit.

Como el objetivo principal de este proyecto era hacernos pasar más tiempo afuera y compensar los oscuros y lluviosos días de invierno en la oficina, hicimos del exterior una continuación natural del interior. Un gran banco que se extiende a lo largo de la fachada principal nos deja espacio suficiente para recibir a numerosos amigos.

Jnder the canopy we spent long afternoons drinking chilled vine. And as the Bulgarian traditions demand often our ıfternoon wine turned into long dinners with sea food and ght music. That's why we added accent exterior lighting as vell as white panes to better reflect the light.

3ajo el toldo pasamos largas tardes bebiendo vino fresco a menudo, siguiendo la tradición búlgara, esas tardes e transforman en largas cenas con pescado y música gera. Por esa razón y con el objetivo de reflejar mejor la luz, ıñadimos paneles blancos.

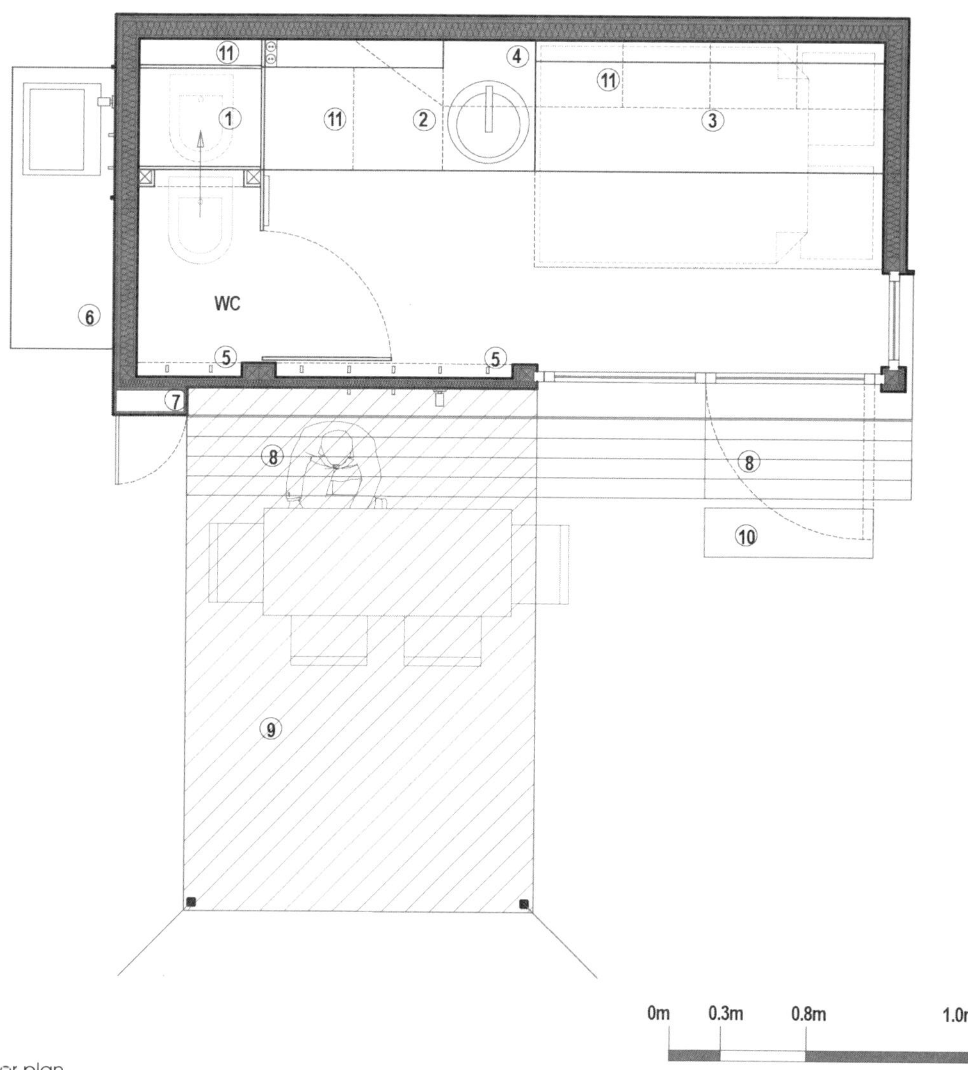

Floor plan

1. Built in oven
2. Built fridge freezer
3. Sofa / Double bed
4. Built in boiler
5. Hooks
6. Outdoor kitchen
7. Exterior cupboard
8. Removable bench
9. Canopy
10. Step / Tool box
11. Storage space

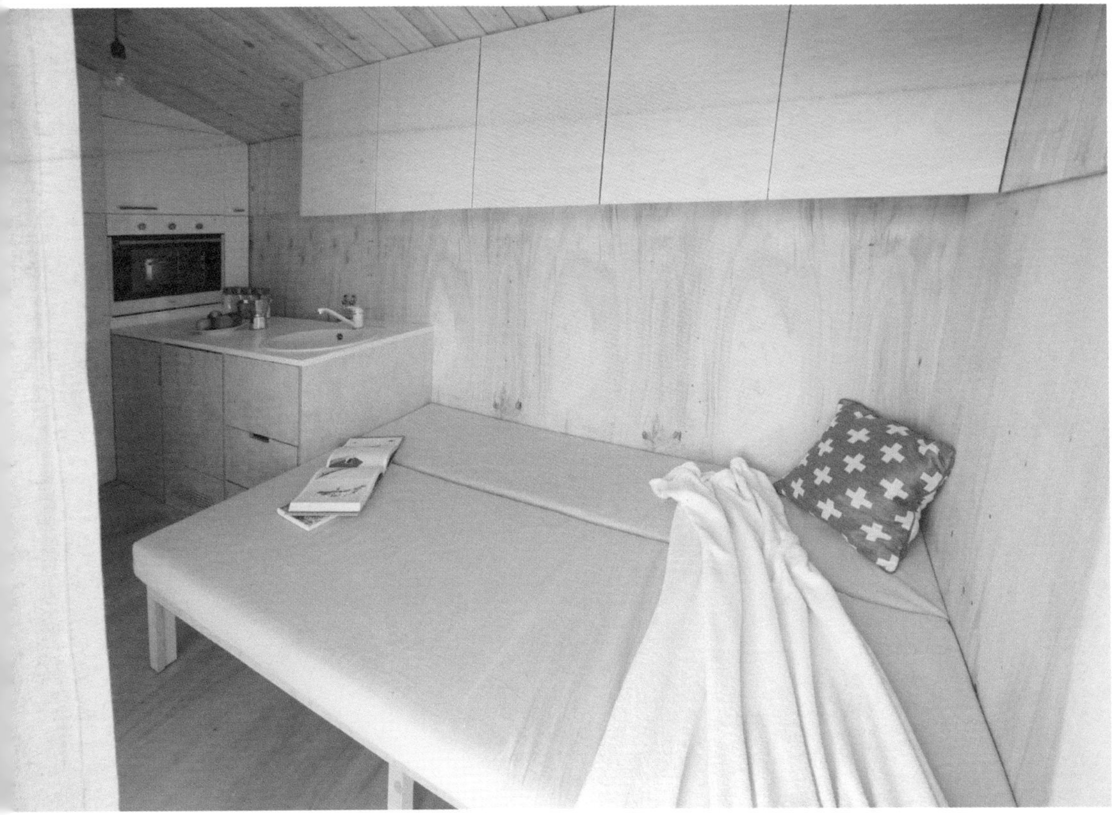

Koleliba as we called this tiny vacation house (koleliba – a made up word meaning a hut with wheels) is our response to the invading consumerism that encourages us to always want our homes bigger, better and unnecessary luxurious. It's a step back to a simpler life without excesses but full of free time, happy moments and friends that we often have to sacrifice in our never ending drive for asking more.

Koleliba, el nombre con el que bautizamos esta pequeña casa de vacaciones, significa cabaña sobre ruedas. Es nuestra respuesta a la actual tendencia consumista que nos empuja a querer cada vez casas más grandes, mejores e innecesariamente lujosas. Es un paso hacia una vida más simple, sin excesos, pero con mucho tiempo libre, pasando momentos felices con nuestros amigos. Cosas a las que muchas veces renunciamos en nuestra carrera sin fin hacia el más y más.

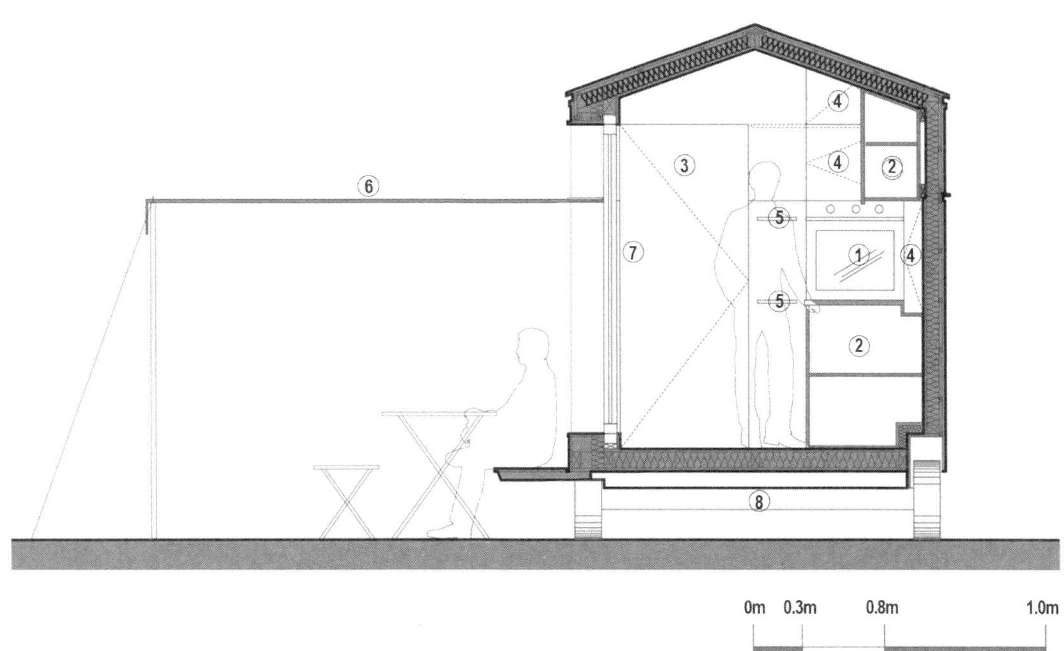

Section

1. Built in oven
2. Kitchen cabinet
3. Door to WC
4. Built in storage
5. Towel rail
6. Folding canopy
7. Full height glazing
8. Trailer

The Cobby

The Little Cabin Company
Rachel Cline, Jude Smith, Steve Whelan, Ian Larsen
thelittlecabincompany.com

"We brought the popular idea of Glamping from Europe with us and wanted to create a pod/cabin suitable for the Canadian environment. We partnered with Steve and Ian who own a long established construction company. They aided us in the design and construction and we formed a business together. Launched our first design the 'Cobby' in May 2016."
The cabins can be a backyard office, spare bedroom, yoga studio or massage space, child's playroom and mainly as a glamping cabin on land in stunning locations. They are constructed in a little town called Fernie, in the BC mountains, in Canada and we use all Canadian sourced products. We aim to be energy efficient whilst maintaining a beautiful design. The cabins come fully wired for north american power 120volt. Each cabin is built to exceed current BC and National Building Code of Canada standards and is fully insulated and airtight to withstand the climatic extremes in western Canada. Is a tiny house that can be used as a spare room, a studio or office, playroom, cosy retreat or as holiday accommodation, a cabin is sure to suit.

"Trajimos la popular idea de Glamping de Europa con nosotros y queríamos crear una cabaña apropiada para el medioambiente canadiense. Nos asociamos con Steve e Ian, quienes tienen una compañía de construcción establecida desde hace mucho. Nos ayudaron con el diseño y construcción y formamos un negocio juntos. Lanzamos nuestro primer diseño, 'The Cobby' en mayo de 2016."
Las cabañas pueden ser una oficina de jardín, una habitación extra, un estudio de yoga, un espacio de masaje, sala de juegos para niños y principalmente una cabaña de alojamiento vacacional en lugares impresionantes. Están construidas en una pequeña ciudad llamada Fernie, en las montañas de British Columbia, en Canadá y todos los productos que usamos son canadienses. Nuestro objetivo es ser energéticamente eficientes mientras mantenemos un bonito diseño. Las cabinas vienen con el cableado completo para la corriente norteamericana de 120 voltios. Cada cabaña está construida para superar los estándares de los actuales Códigos de Construcción canadienses y de British Columbia, y está completamente aislada y sellada para soportar el clima extremo del oeste de Canadá.

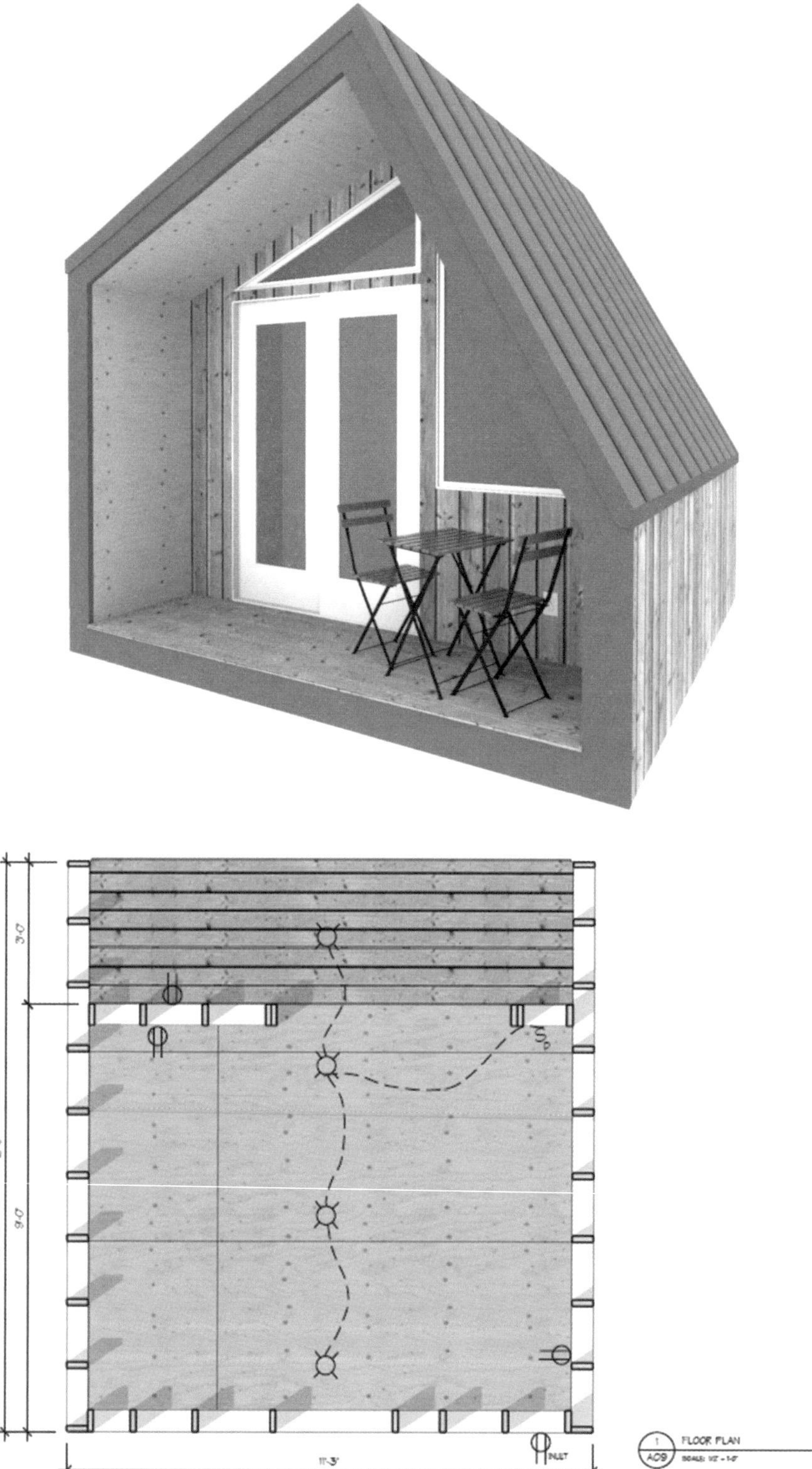

Floor plan

"The cabins come fully assembled and we deliver, mainly in Western Canada and USA but are looking at options to have them built in other locations to supply the East coast of Canada and USA." They are just laid down on soon tubes or patio stones they do not require a foundation.

"Las cabañas vienen totalmente montadas, y entregamos sobre todo en el oeste de Canadá y en los EEUU, pero también estamos buscando opciones para construirlas en otros lugares y proveer a la costa este de Canadá y los EEUU." Se colocan sobre tuberías o losas de terraza, no necesitan cimientos.

Oak Cabin

Rupert McKelvie / Out of the Valley
Location: Devon, United Kingdom
Photos © Rupert McKelvie

The Oak Cabin combines refined Scandinavian design with traditional craftsmanship, creating an environment that enables its occupants to re-engage with the simple pleasures of cabin life. It was conceived as a sustainable low-impact dwelling that is equally suited to use in the countryside or at the end of an urban garden. McKelvie was trained as a wooden-boat builder and worked in the furniture industry before establishing Out of the Valley in 2015 at his farm. "I have always had an interest in small-scale architecture, and after I built my first cabin it was clear that there was a demand for my craft," said McKelvie.

La cabaña Oak combina un refinado diseño escandinavo con la artesanía tradicional, creando un ambiente que permite a sus ocupantes reencontrarse con los placeres sencillos de la vida. Se concibió como una vivienda sostenible de bajo impacto, igualmente adecuada para su uso en el campo o al final de un jardín urbano. McKelvie se formó como constructor de barcos de madera y trabajó en la industria del mueble antes de establecerse en su granja en Out of the Valley en 2015. "Siempre me ha interesado la arquitectura a pequeña escala, y después de construir mi primera cabaña quedó claro que había una demanda para mi proyecto", dijo McKelvie.

Wood for the cabins is sourced from sawmills local to the site and prepared by McKelvie and his team to make it ready for construction. The designer is also always on the lookout for storm-fallen trees that can be cut into planks, dried, and used later for indoor furniture.

La madera para las cabañas se obtiene de los aserraderos locales y es preparada por McKelvie y su equipo para que esté lista para la construcción. El diseñador también está siempre atento a los árboles caídos por las tormentas que pueden ser cortados en tablas, secados y utilizados más tarde para muebles de interior.

Section

Building-frame axonomentric view

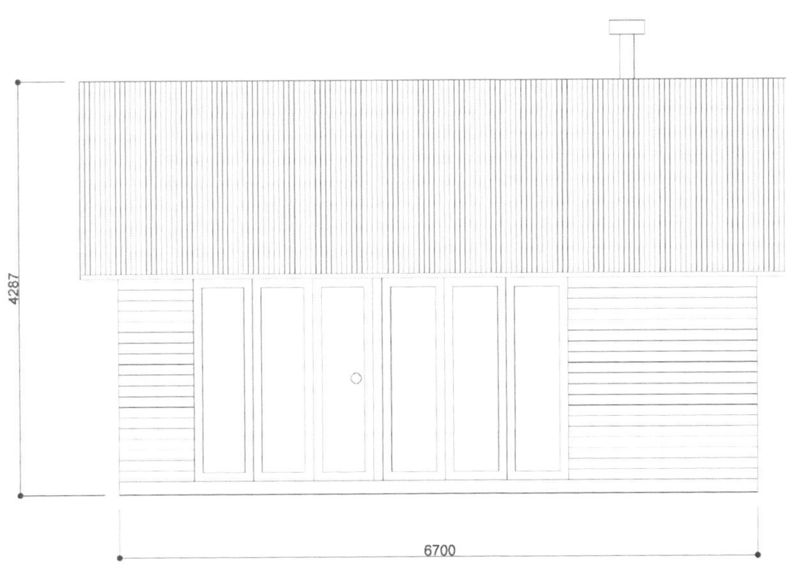

Front elevation

The burnt wood gives a dark finish that enables the building to blend in with the shadows of a wooded setting. In contrast, the interior features a whitewashed ash kitchen, furniture, and paneling.

La madera otorga un acabado oscuro que permite que el edificio se mezcle con las sombras de un entorno arbolado. En contraste, el interior cuenta con una cocina de color ceniza, muebles y paneles.

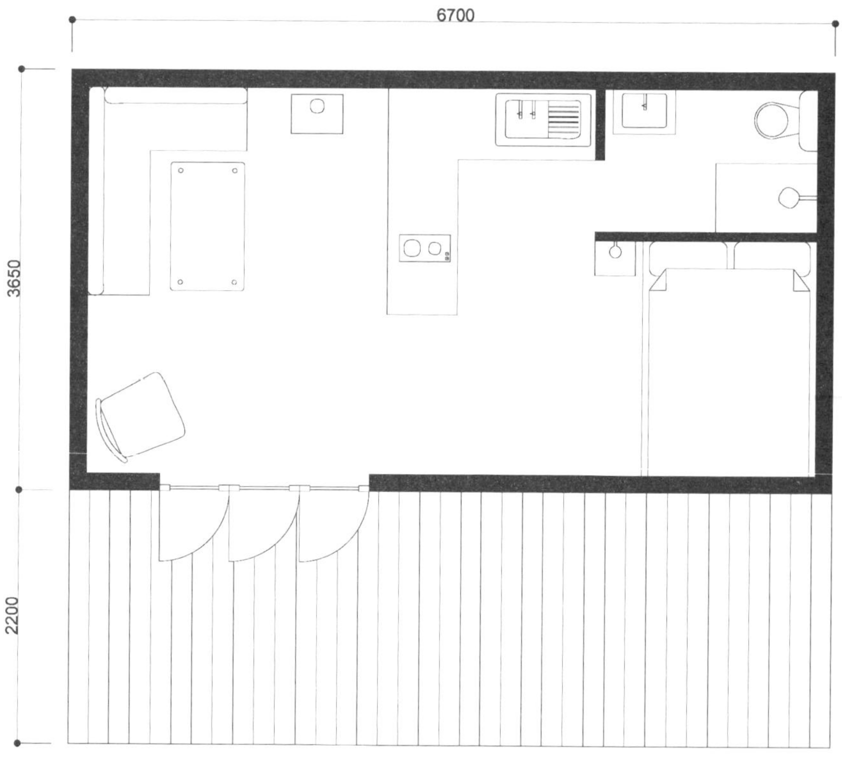

Floor plan

The cabin combines traditional timber-frame construction methods with modern details. The Oak Cabin has a traditional trussed framework that can be erected in just two days. A wood-burning stove provides heating, with photovoltaic panels on the roof generating electricity to help power lighting and a convection oven. The cabin can be connected to a water supply to provide water to the kitchen and bathroom. The cabin features a whitewashed ash kitchen, furniture, and wall paneling, as well as oak flooring, and natural linseed-painted bifold doors and windows.

La cabaña combina los métodos tradicionales de construcción de armazón de madera con detalles modernos. Presenta una estructura tradicional atirantada que se puede levantar en sólo dos días. Una estufa de leña proporciona calefacción. Unos paneles fotovoltaicos en el techo generan electricidad para ayudar al alumbrado y al encendido de un horno de convección. La cabina puede ser conectada a un suministro de agua para la cocina y al baño. La cocina esta pintada en color ceniza blanqueada, como los muebles y los paneles de pared. Los suelos son de madera de roble. Las puertas y ventanas dobles están pintadas con lino natural.

Lorraine

Architects: Getaway House, INC www.getaway.house Founder/CEO: Jon Staff (Harvard Business School) Co-Founder: Pete Davis (Harvard Law School) Brooklyn, NY, USA Plan and elevation: Emily Margulies
Photos: © Kataram Studios, Bearwalk (thebearwalk.com)

Our second house, the Lorraine, is designed as a writer's retreat: A continuous work surface spans from kitchen to bedroom, to help fuel your creativity and let you spread out. A ribbon window that runs almost the entire length of one side of the house sits at eye level, opening the interior space and allowing one to be inspired by the wilderness.
Sleeps two comfortably on a real queen mattress. Comforts of home: hot shower, two burner propane stove, electric toilet and classic Coleman cooler.

Nuestra segunda casa, Lorraine, se diseñó pensando en el retiro de un escritor: un área de trabajo continua que abarca desde la cocina hasta el dormitorio, permitiendo además alimentar la creatividad y trabajar con comodidad. Una ventana longitudinal, a la altura de los ojos, se extiende de un extremo a otro de uno de los lados de la casa abriendo el espacio interior hacia el exterior y ayudando de esta forma a encontrar la inspiración en la naturaleza. Está equipada con una cama doble para dos personas. Otros elementos de confort son: ducha caliente, cocina de propano con dos quemadores, inodoro eléctrico y una clásica nevera Coleman.

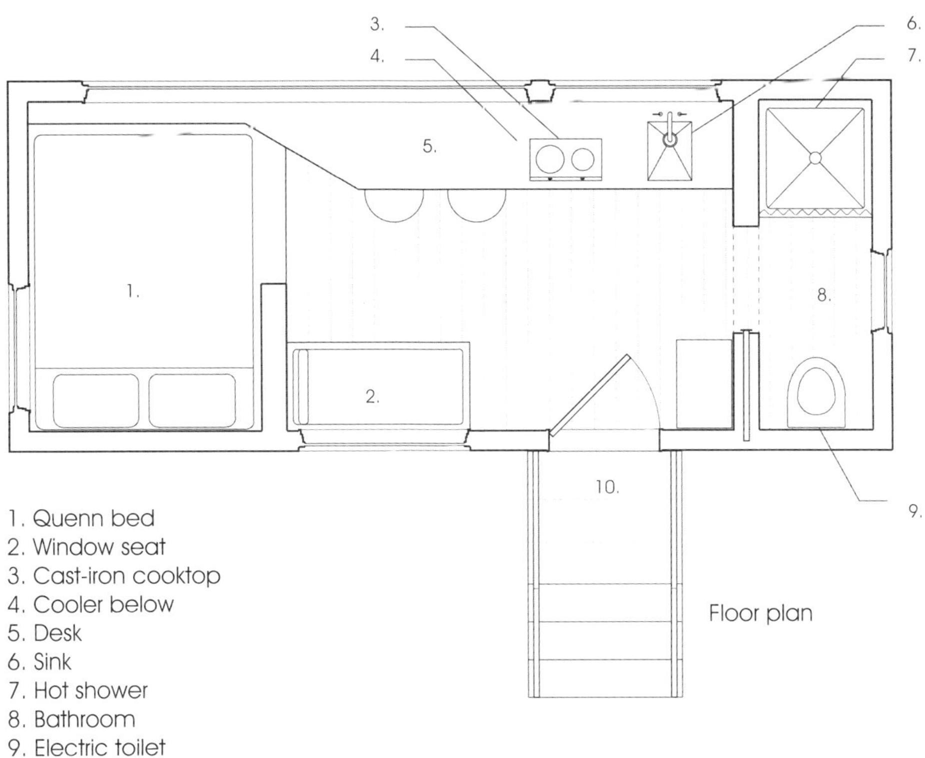

Floor plan

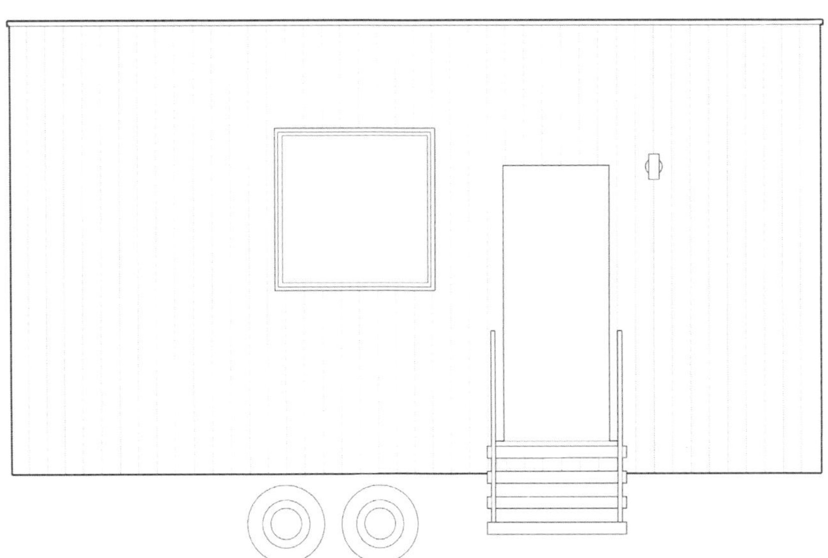

Elevation

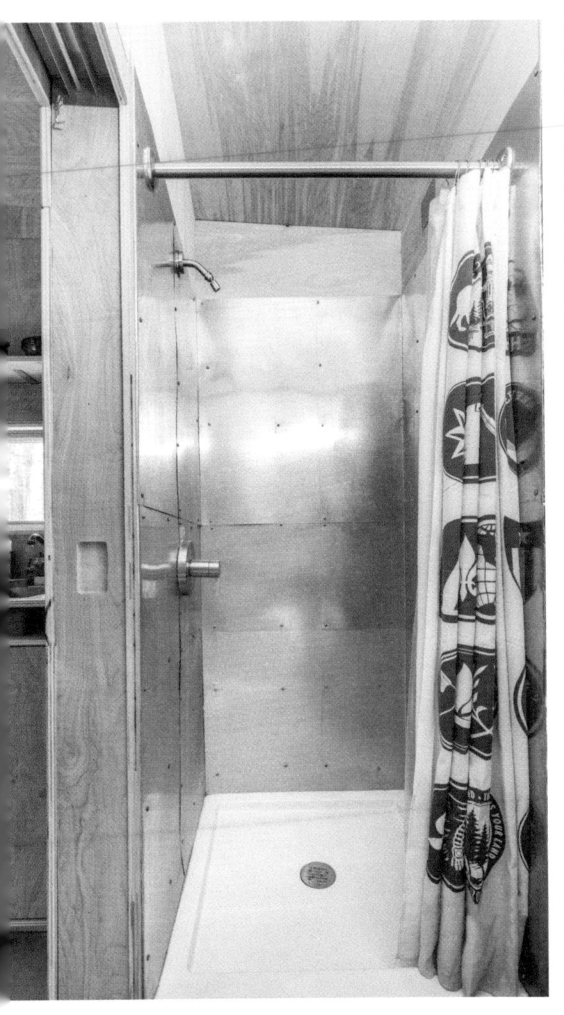

Clara

Architects: Getaway House, INC www.getaway.house Founder/CEO: Jon Staff (Harvard Business School) Co-Founder: Pete Davis (Harvard Law School) Brooklyn, NY, USA Plan and elevation: Emily Margulies
Photos: © Bearwalk (thebearwalk.com) Getaway

In the summer of 2015, Jon and Pete launched Getaway (see: Getaway.house), its first project to help grow the tiny house movement. The idea: build tiny houses, place them on beautiful rural land and rent them by the night to city folks looking to escape the digital grind and test-drive tiny house living.
The house reaches out into the landscape with a cantilevering volume of wood and glass. The interior comprises a series of levels offering you the opportunity to create your own dwelling experience. These levels offer unprogrammed places to sit, eat, sleep, curl up, lean, do work, and hang. There is no conventional furniture - only a combination of soft and hard surfaces to reconfigure and use as desired. Sleeps four comfortably with three sleeping surfaces, including a loft.

En el verano de 2015, Jon Staff y Pete Davis inauguraron Getaway (ver Getaway.house), su primer proyecto destinado ha ayudar al desarrollo del movimiento "tiny house". La idea de dicho movimiento es la de construir pequeñas casas rurales en un entorno agradable y alquilarlas por noches a gente de la ciudad deseosa de escapar de la trampa digital en la que viven inmersos y probar su capacidad para vivir en ese nuevo entorno.
La casa se extiende hasta el exterior gracias a un voladizo de madera y cristal. El interior consta de diferentes niveles, lo cual ofrece la posibilidad de crear su experiencia de hogar propio. Estos niveles distintos ofrecen espacios para sentarse, comer, dormir, acurrucarse o colgar alguna cosa. No hay ningún tipo de mobiliario convencional, en su lugar se trata de una combinación de superficies duras y blandas que pueden ser reconfiguradas y usadas cómo se desee. Pueden dormir confortablemente hasta cuatro personas en tres superficies blandas, incluyendo un altillo.

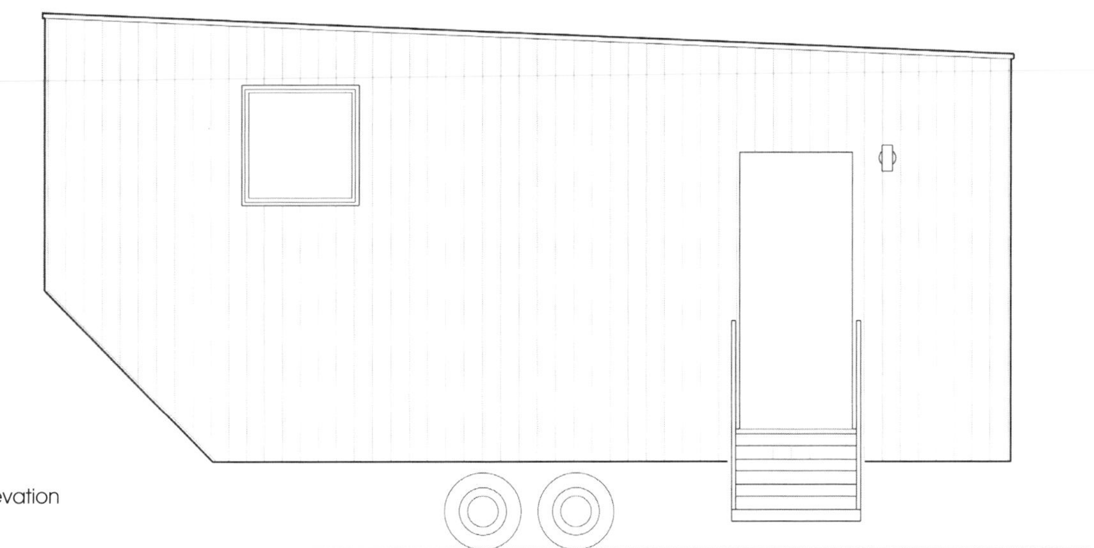

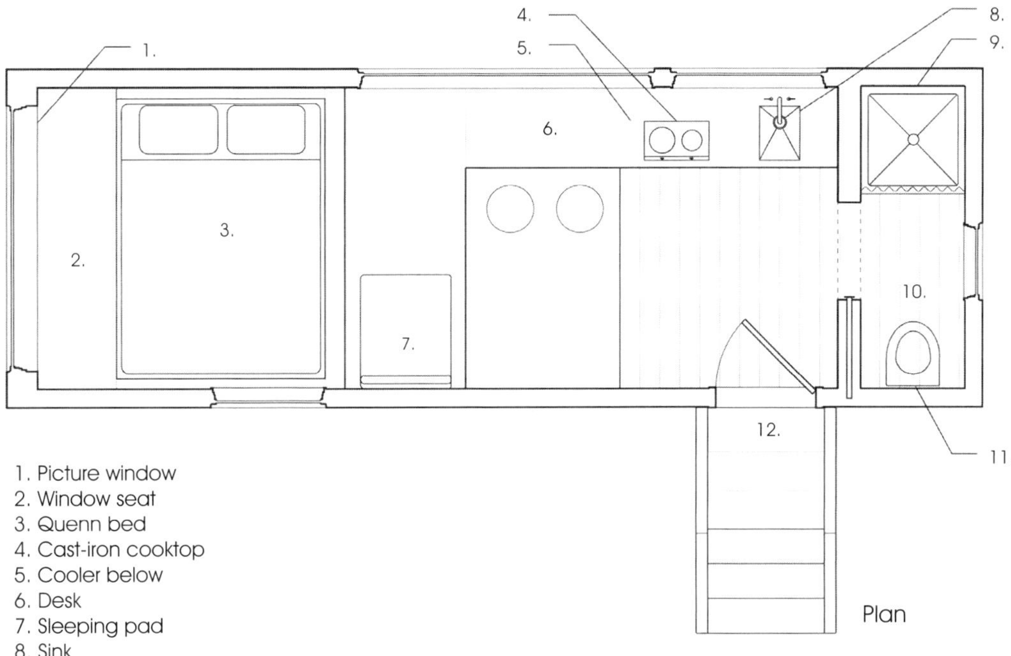

1. Picture window
2. Window seat
3. Quenn bed
4. Cast-iron cooktop
5. Cooler below
6. Desk
7. Sleeping pad
8. Sink
9. Hot shower
10. Bathroom
11. Cutting-edge electric toilet
12. Entry

Maisie

Architects: Getaway House, INC www.getaway.house Founder/CEO: Jon Staff (Harvard Business School) Co-Founder: Pete Davis (Harvard Law School) Brooklyn, NY, USA Plan and elevation: Emily Margulies Photos © Roderick Aichin Ball and Albanese

Near enough to rail lines for easy transport; far enough to experience a complete escape. Designed to be a whimsical hangout in peaceful woods, the Maisie awaits you in beautiful upstate New York.
Harvard Graduate School of Design student Emily Margulies has lead the project of updating our Boston designs to produce three New York designs that keep the spirit of the Ovida, Lorraine and Clara designs, while nevertheless iterating them based on learnings from the past year.

Lo suficientemente cerca de la línea de tren para un fácil acceso; lo bastante alejada para experimentar una escapada completa. Diseñada para una caprichosa escapada al sereno bosque, la Maisie te espera en el precioso Nueva York Norte.
La estudiante graduada de la Escuela de Diseño de Harvard, Emily Margulies, ha liderado el proyecto de actualizar nuestros diseños de Boston para producir tres diseños de Nueva York que mantengan el espíritu de los diseños de las cabañas Ovida, Lorraine y Clara, mientras que a la vez los reiteran, basados en lo aprendido del año anterior.

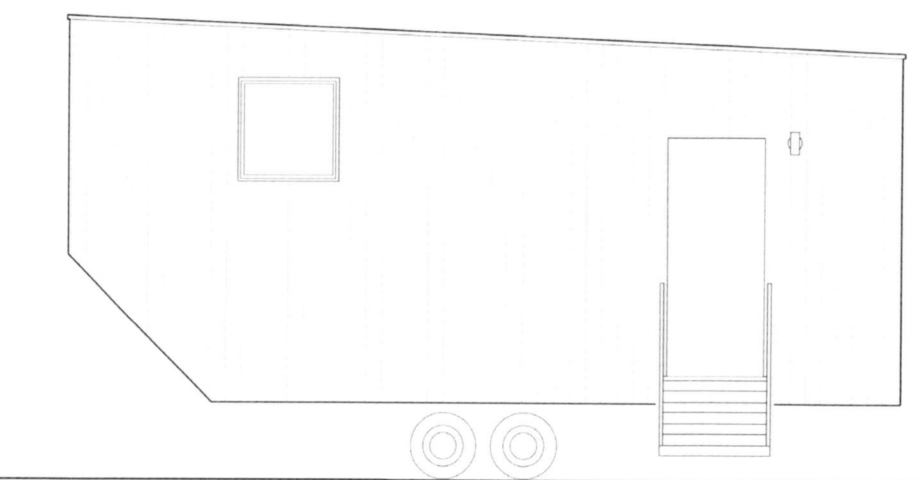

Elevation

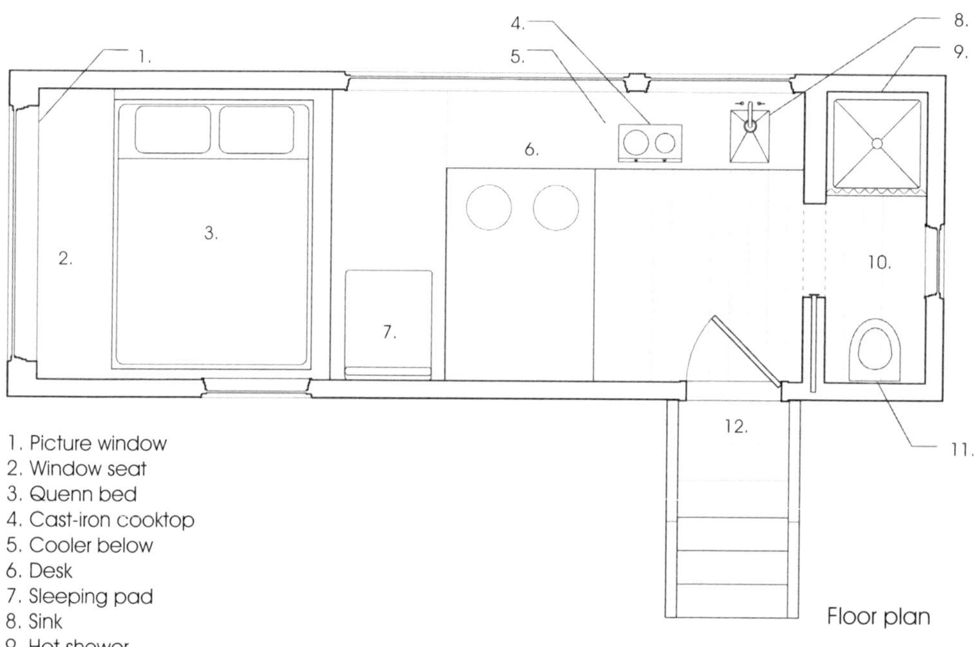

1. Picture window
2. Window seat
3. Quenn bed
4. Cast-iron cooktop
5. Cooler below
6. Desk
7. Sleeping pad
8. Sink
9. Hot shower
10. Bathroom
11. Electric toilet
12. Entry

Floor plan

GCP Wood Cabin Hotel

Atelier LAVIT
Location: Sorgues, France
Photos© Marco Lavit

The GCP Wood Cabin Hotel comprises fourteen small suites distributed around a fishing reserve, on the shore of a lake, floating on the water like rafts, or on piles like palafittes. The imperative for the architect was the absolute symbiosis with the existing landscape and minimal environmental impact. The architectural work blends with the lacustrine environment, taking the tall and swaying reeds as inspiration to form the exterior skin of the cabins. At the same time, the distinct wood buildings also evoke primitive constructions.

El GCP Wood Cabin Hotel está compuesto por catorce pequeñas suites distribuidas alrededor de una reserva de pesca, a orillas de un lago, flotando en el agua como balsas, o sobre pilotes como palafitos. El imperativo para el arquitecto era la absoluta simbiosis con el paisaje existente y el mínimo impacto ambiental. La obra arquitectónica se funde con el paisaje, inspirándose en las cañas altas y ondulantes para formar la piel exterior de las cabañas. Al mismo tiempo, los distintos edificios de madera también evocan construcciones primitivas.

An appealing constructed form that echoes the surrounding landscape based on a sustainability principle will attract an audience of nature lovers.

Una forma constructiva atractiva que se haga eco del paisaje circundante basada en un principio de sostenibilidad atraerá a un público amante de la naturaleza.

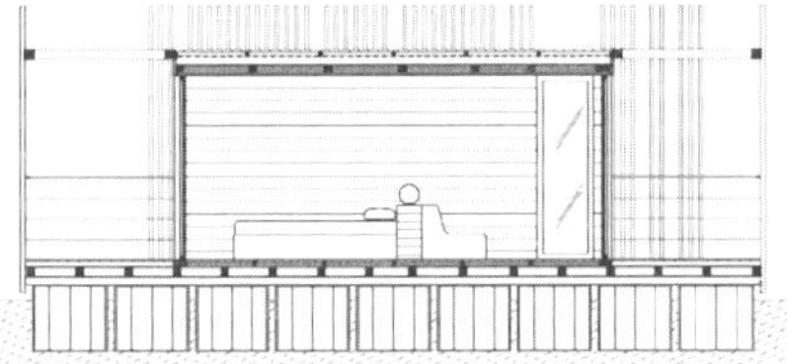

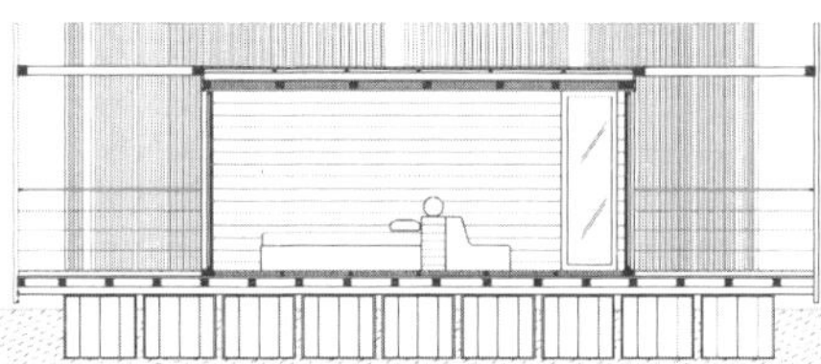

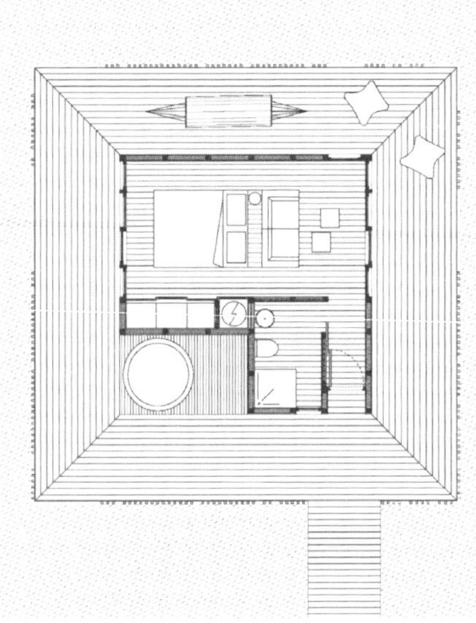

DUO cabin 1 (square) floor plan and section

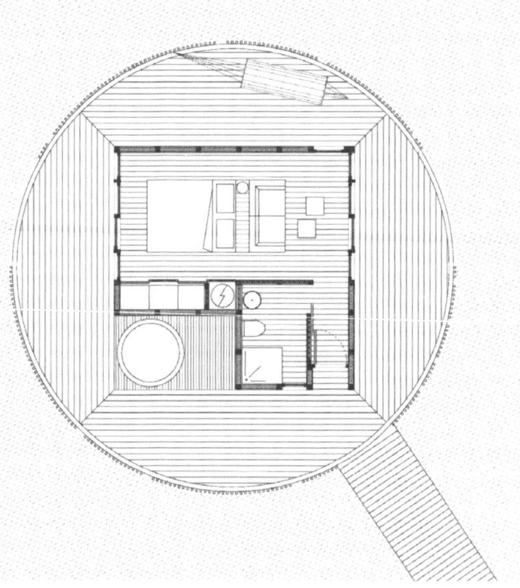

DUO cabin 2 (circular) floor plan and section

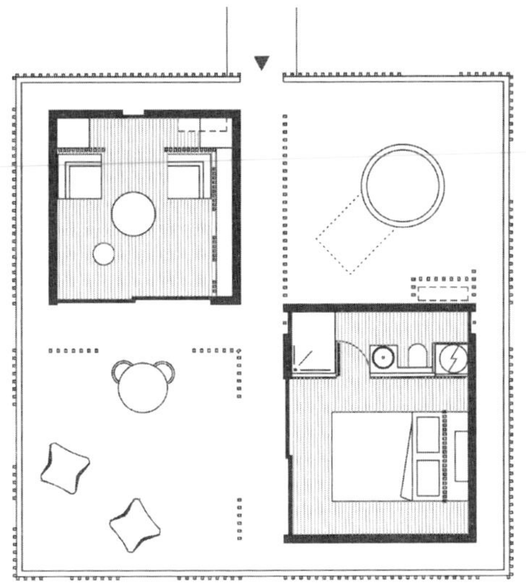

Floating DUO cabin floor plan

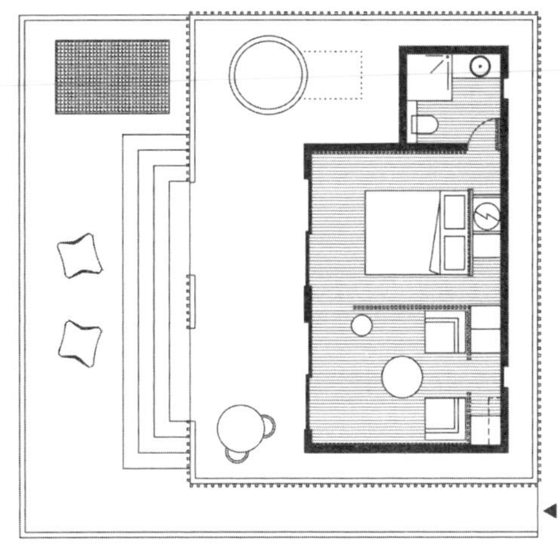

DUO cabin on pilotis floor plan

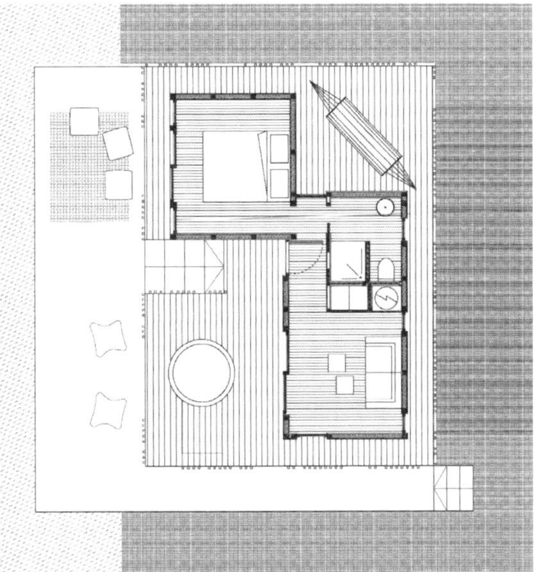

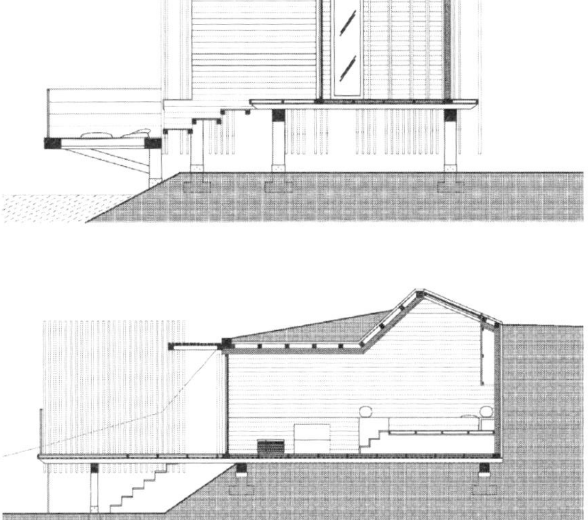

DUO cabin 3 (water edge) on pilotis floor plan and section

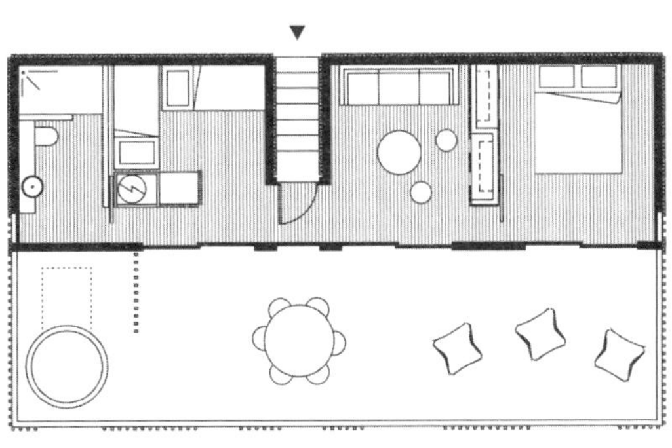

FAMILIAL cabin on pilotis floor plan

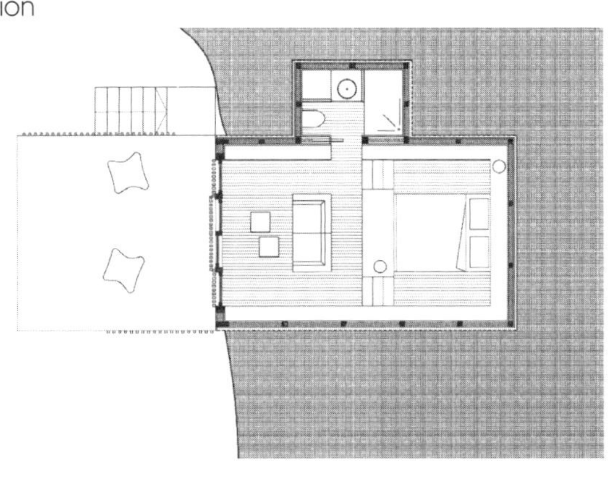

DUO cabin 4 (ground) floor plan and section

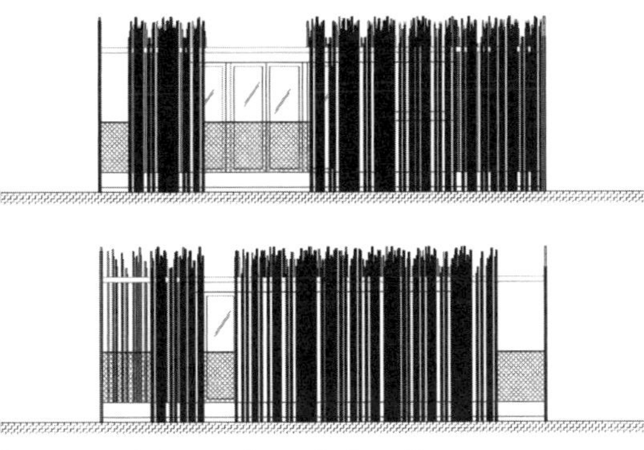

Square cabins southeast elevations

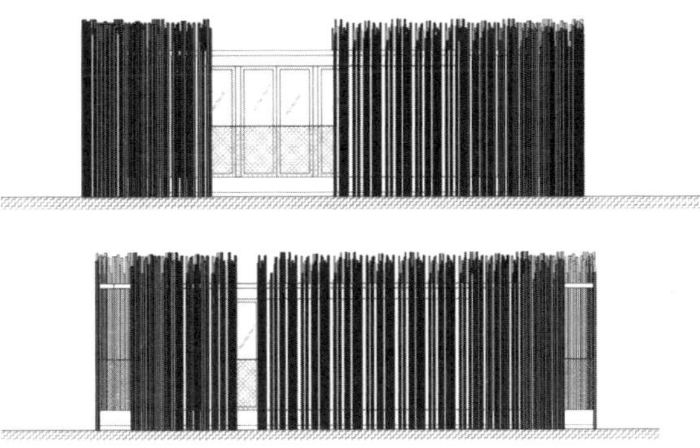

Circular cabins southeast elevations

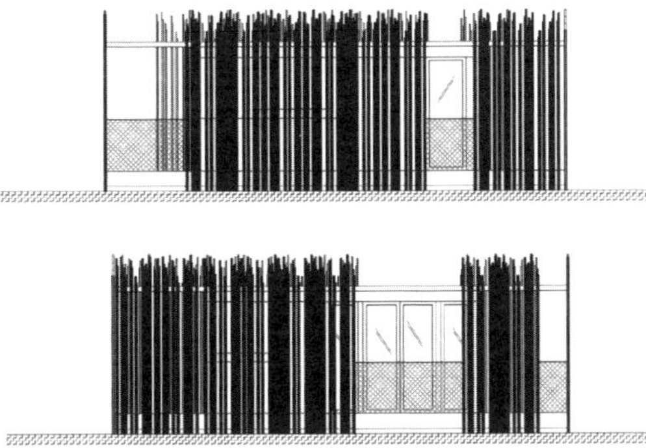

Square cabins northwest elevations

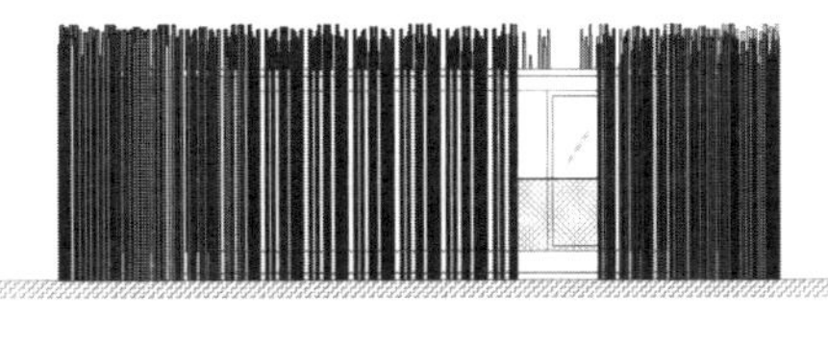

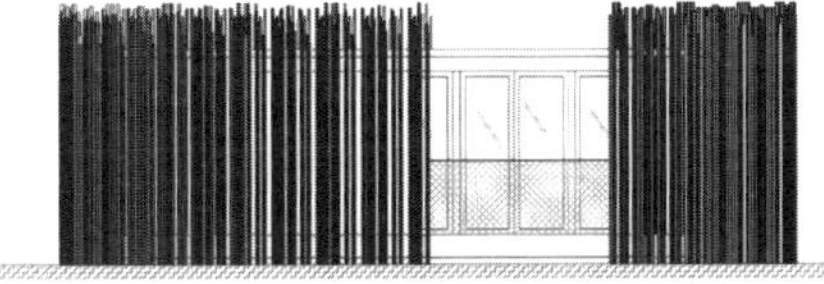

Circular cabins northwest elevations

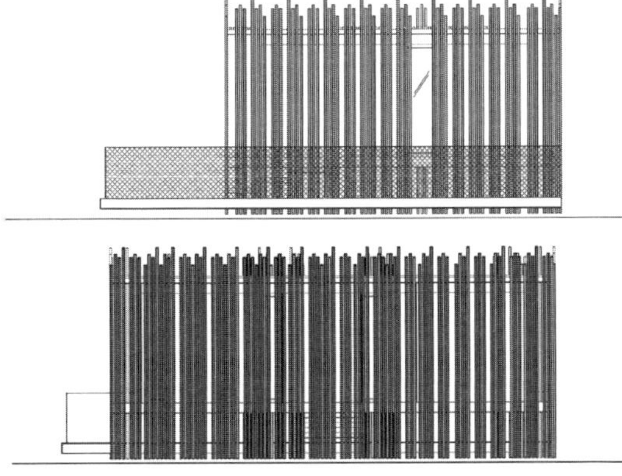

FAMILIAL cabins on piles, northeast elevations

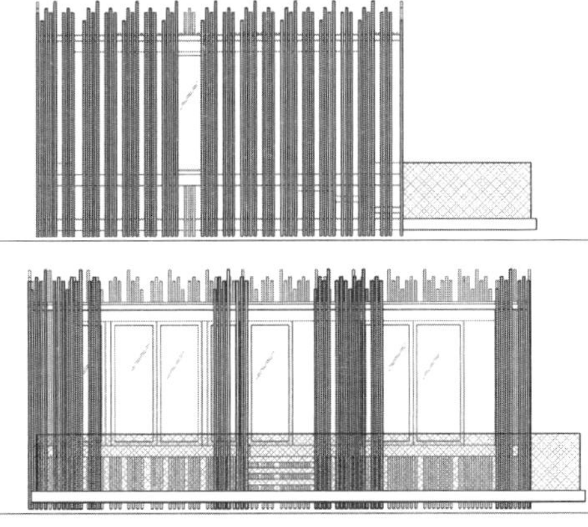

FAMILIAL cabins on piles, southwest elevations

. strong architectural language inspired by the ·atural setting helps integrate architecture into its ɹrroundings.
 bed under a skylight is close to sleeping under the ·ars, but with the comfort of a cozy space.

Un fuerte lenguaje arquitectónico inspirado en el entorno natural ayuda a integrar la arquitectura en su entorno. Una cama bajo un tragaluz está cerca de dormir bajo las estrellas, pero con la comodidad de un espacio acogedor.

Kerns Micro-House

Fieldwork Design & Architecture
Location: Portland, Oregon, United States
Photos© Dana Klein, Polara

The owner sought to replace an existing single car garage on their property with a living unit to provide permanent accommodations for a retired parent. As a result, the Kerns Micro-House was devised as an accessory dwelling unit, meeting the City of Portland's stringent design standards and a sympathetic response to the concerns with increasing density in the area. The Kern Micro-House was also conceived as an inhabitable part of the surrounding natural setting, adding to the architectural character of the building.

El dueño buscó reemplazar un garaje para un solo coche en su propiedad con una unidad habitable para proveer acomodamiento permanente para un padre retirado. Como resultado, la Micro-Casa de Kerns fue concebida como una unidad de vivienda accesoria, cumpliendo con los estrictos estándares de diseño de la Ciudad de Portlan, así como una respuesta comprensiva a las preocupaciones con una densidad creciente en el área. La Micro-Casa Kern también fue concebida como parte habitable del entorno natural que la rodea, añadiendo carácter arquitectónico al edificio.

Exploded axonometric

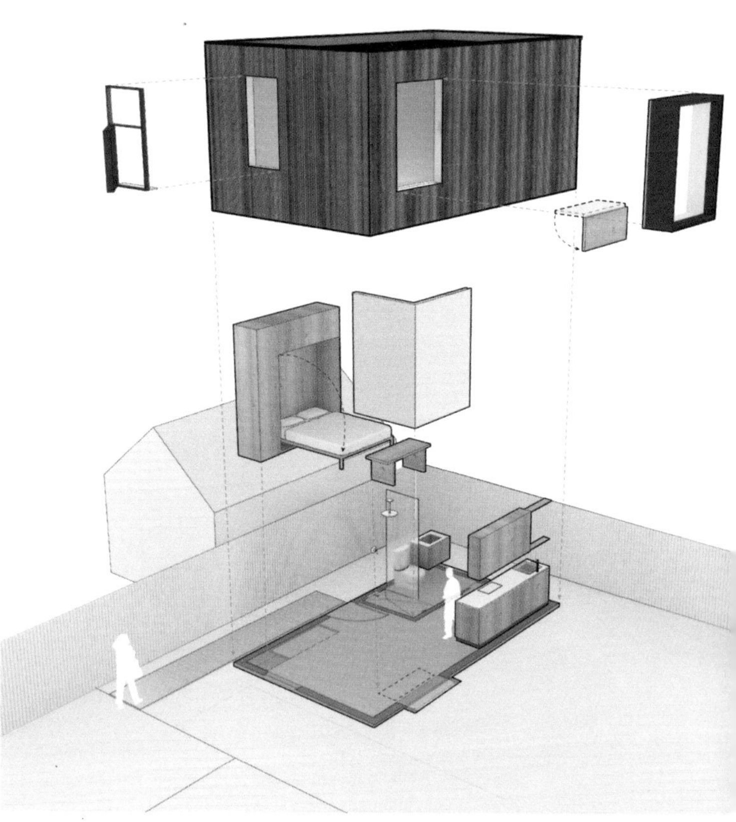

Conceptual diagram

Couch and coffee table

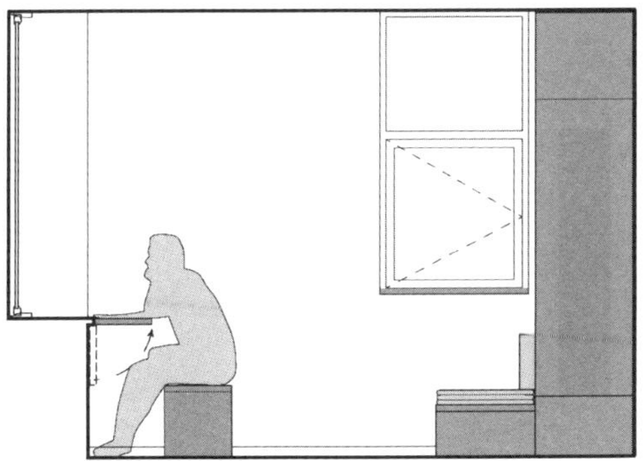

Desk

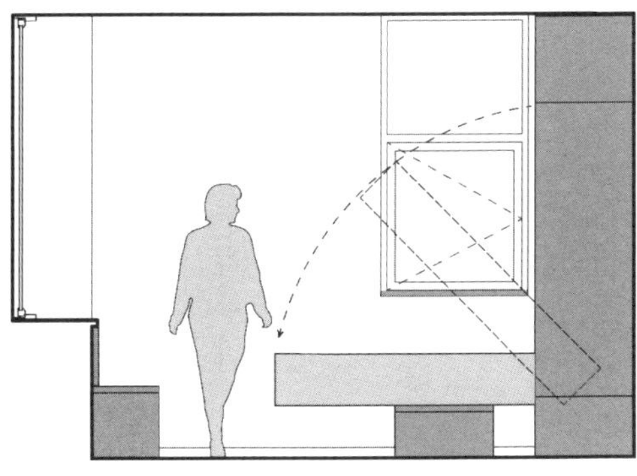

Murphy bed

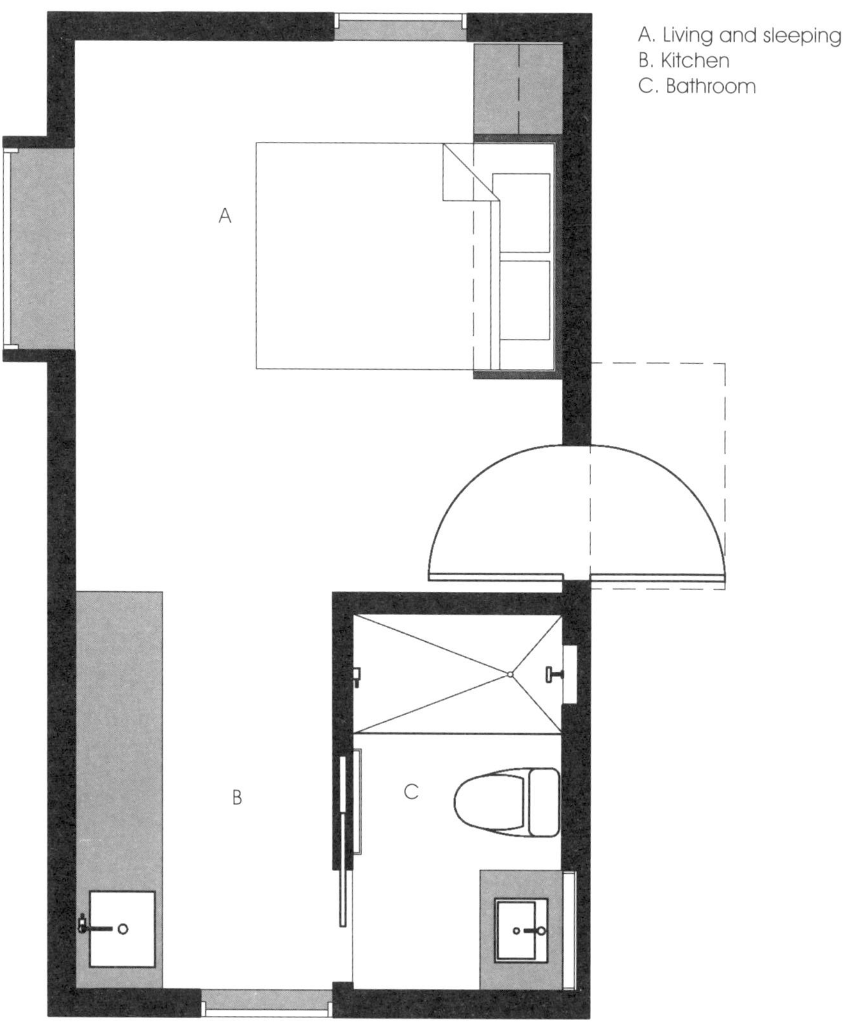

Floor plan

The exterior skin is formed by a local fir board and batten system, which was prototyped in the Fieldwork shop and detailed at a furniture scale. The minimalist interior includes custom Oregon white oak furniture and cabinetry enhanced by generous natural lighting.

La piel exterior está formada por una placa de abeto local y un sistema de listones, que fue prototipado en el taller y detallado a escala. El interior minimalista incluye muebles hechos a medida en roble blanco de Oregon, realzados por una generosa iluminación natural.